「学校ver.<ruby>バージョン</ruby>3.0」時代の
スクールマネジメント

高校経営9つの視点と15の実践

京都大学特任教授
小松郁夫 監修／大正大学教授 **稲井達也** 編著

Ｇ学事出版

新しい「学び」と新しい「高校」を創造するために

　戦後教育改革によって、6・3・3・4制の新しい学校制度が発足して、まもなく75年が経過しようとしている。「新制高等学校」などという概念は、とうの昔に忘れ去られ、「15の春を泣かせない」という言葉なども、今やほとんど知る人も少なくなったのではないか。この表現は、中学校を卒業し、高等学校に入学する時期である15歳を高校入試の壁によって、跳ね返されることがないよう、昭和30年代後半、高校全入運動とともに広まった言葉である。

　「団塊の世代（昭和22年から24年生まれ）」が15歳となった年は、昭和38（1963）年からである。この3年間の年間出生数は260万人を超えている。巨大な人口の塊が高校の状況を一変させ、新制高校は、「新しい姿の高校」へと変貌した。やがて高校進学が一般化して、次の波が大学進学の大衆化へと波及していったのである。量的変化が質的転換をもたらしたと考えられる。

　その後、産業界などからの要請もあって、一時期は職業教育が重要視されたりもしたが、その傾向は長続きしなかった。高校への入学が、全入に近い傾向が強まるにつれて、生徒の学力の多様化が目立つようになってきたのである。それに対応する教育課程の特色化や多様化、さらには将来の職業選択などの進路選択が先送りされる傾向が強まり、普通教育機能の拡大傾向などが強くなっていく。

　21世紀になる前に、後期中等教育機関である高校は、さらに新しい地平へと到達していった。未だ義務教育期間にまではなりえていないが、18歳という卒業年齢が、社会における一人前の発達段階として位置づけられていると考えるべきであろう。すでに、選挙権は18歳に引き下げられ、2022（令和4）年4月からは、民法改正によって18歳が「成年」として社会的承認を得られることとなった。

　本書がテーマとしたのは、こうした社会の変貌を受けて、情報化やグローバル化という、更なる歴史や科学技術の進化を受けた高校教育の新しい姿、新しい学校経営である。教育が取り扱うのは、知識や情報であり、人間関係の構築やコミュニケーション力の育成などである。新しい時代の新しい高校では、生徒の学びが深化し、教師の教育スタイルは変化するであろう。したがって、それを企画し、組織化する学校経営は、新しい理論と手法で具体化されなければならない。

　Society5.0の社会観を受けた学校Ver.3.0構想は、高校教育の新しい次元を構想し、新しい哲学と経営論、教育論で創出されなければならないと考える。その方向性と夢とアイデアを本書で提示できたら幸いである。

監修者　小松郁夫

「学校ver.3.0」時代の スクールマネジメント

高校経営9つの視点と15の実践

もくじ

実践編 これからの時代に求められる
高校経営15の実践　　　63

Ⅰ 学校のイノベーション 〜特色化から創造へ〜

Ⅱ 学校力を高めるカリキュラム・マネジメント

Ⅲ 新たな視点で取り組む人材育成
〜トップダウンからボトムアップへ〜

解説編

これからの時代に求められる
高校経営9つの視点

1

これからの高校の学校経営が向かう方向性

小松郁夫

京都大学特任教授/国立教育政策研究所名誉所員

1. テーマへの接近

　本稿ではテーマに即して、第一に「これからの高校」とはどのような姿を想定すればよいのかを考察する。第二に「高校の学校経営」は今後どうあるべきかを構想する。そして第三に学校 Ver3.0の構想を受けて、目指すべき高校の学校経営の「方向性」を模索することとする。

　2006（平成18）年の教育基本法の改正を受けて、学校教育法も翌年6月に改正され、高等学校の教育の目的に関しても、重要な変更点がなされた。それ以前の法律では、第41条で「高等学校は、中学校における教育の基礎の上に、心身の発達に応じて、高等普通教育及び専門教育を施すことを目的とする。」となっていたものを、「高等学校は、中学校における教育の基礎の上に、心身の発達及び進路に応じて、高度な普通教育及び専門教育を施すことを目的とする。」となったのである。

　改正点は2点ある。まず、心身の発達の後に、及び進路に応じて、という文言が追加された。この「及び」が追加されることによって、戦後の高校が単一の学校体系の中で、「総合制」教育の完成機関としての規定がより鮮明にされたことが重要である。戦後の教育改革で、学制の単純化が図られ、従前の種類が複雑でしかも高等教育との接続で複数の路線を形成し、高等教育への道もきわめて限定されていた中等教育段階の学校が三年制の中学校と三年制の高等学校に単純化された系譜は、中等教育の在り方として、非常に重要な意義を有していたと考えられる。欧米

8

では、たとえばイギリスは、それまで三分岐していた中等教育学校を「総合制中等学校（コンプリヘンシブ・スクール）」へと改革に着手したのは、1960年代になってからであり、ドイツの総合制学校（ゲザムトシューレ）も似たような時期からの教育改革が本格化する。

　学区制、男女共学、総合制の三原則の改革は、日本の中等教育にとって、非常に意義深いものであった。特に総合制は、教育課程そのものに関わる改革として、「これからの高校」にとっても重要な要点である。義務教育機関ではないが、ほとんどの生徒が進学する学校としてのあり様は、今後どのように、進化させるべきかが課題であると思う。

　もう一つの「高等普通教育」が「高度な普通教育」に改められた点も、21世紀の中等教育と高等教育の接続のテーマとして、重要な意義を有していた。それまでに用いられてきた「高等普通教育」は法令上の用語であり、教育学的視点では高等学校は後期中等教育に位置し、高等教育という用語は大学レベルを指すことが明確化されたのである。「高度な普通教育」が、「義務教育として行われる普通教育」（21条、29条、45条）とは異なるものとして設定されたこととなり、中学校とともに構成してきた従来の中等教育概念に修正をもたらすものであると理解できる。

　1960年代の高度経済成長期には、産業界等の要請を受けて、専門教育の「職業教育化」、職業高校としての分化、高等専門学校の創設などの後期中等教育の多様化政策が進行した。また、「総合学科」の設置、中等教育学校制度の創設などは、高校教育が本来有する中学校との連続性や「高度な普通教育」と専門教育との相互関連性がどうあるべきかを問う重要なテーマを私たちに突き付けてもいる。

　以下では、社会経済の発展、大学進学を含めた進学率の驚異的な上昇などの変化を経て、「これからの高校」のイメージがどのように位置付けられるべきかを意識し、新しい高校像の下での、学校経営の在り方、学校 Ver.3.0で示された、「学習」から「学び」の時代に入ったとされる「これからの高校」の向かうべき方法性を検討したい。

2. 新しい時代での高校が育てる生徒像と高校の学校経営

(1) 18歳選挙権と18歳「成人」規定がもたらすもの

　2015（平成27）年６月に、公職選挙法が改正され、投票できる年齢が「20歳以上」から「18歳以上」に引き下げられた。さらには、民法の改正によって18歳が「成年」と規定され、2022（令和４）年から施行される。すなわち、今後の高校が育てる生徒は、成人として社会からみなされ、様々な権利が保障され、義務が課せられる人となる。

　18歳選挙権の付与は、ようやく日本でも、この年齢の若者の政治参加が承認された重要な改革であり、若者の政治に関する興味関心を呼び覚まし、政治参加を刺激するうえで、非常に重要な意味を持っている。また、民法上での成年年齢の引き下げは、18歳という成長段階が、「一人で契約をすることができる年齢」であり、「父母の親権に服さなくなる年齢」であるということを意味している。

　今日では、過半数の高校卒業生が大学などの高等教育機関に進学するまでに、高等教育の大衆化が進行した。しかしそれでも、「平和で民主的な国家及び社会の形成者として必要な資質を備えた」人間を育てるという「教育の目的」の実現に関して、一定の結節点が高校教育で保障されなければならない責任や使命があることに変わりはない。教育課程で、具体的に「成人」にふさわしい成長がみられることなどを明示的に示して、課程の修了が社会的に認知や承認され、信頼される工夫を施すことが期待される。そのためには、多様な学習履歴に関するデータや実績などを収集し、学習評価の中で活用するなどが求められる。

(2) GIGA スクール構想と AI（人工知能）時代の学校経営

　Society5.0の時代において求められる資質・能力を学校教育で育成するためには、新学習指導要領の着実な実施やチームとしての学校経営の推進が不可欠であり、その中核を担う教師を支え、その質を高めるツールとしての先端技術を効果的に活用することが必要とされる。

　文科省は、「子供の力を最大限引き出す学び」を実現するために、教育のあらゆる場面において ICT を基盤とした様々な先端技術を効果的に活用する実証研究を行い、教員による児童生徒への学習・生活指導の充実や校務支援、政策改善等、教育の質の向上を図る実証研究事業にも着手し始めた。この事業は、学習指導、生徒指導、管理運営等、学校全体において先端技術が効果的に作用すると考えられる場面を整理し、先端技術を包括的に導入・運用し、教師・児童生徒・保護者等への支援に活用することを狙いとしたものである。

　いよいよ日本でも本格的に「１人１台端末」時代の学校教育が本格化しようとしている。GIGA スクール構想である。GIGA とは GIGA ＝ Global and Innovation Gateway for All の略称で、2019（令和元）年12月に萩生田文科大臣は「子供たち一人ひとりに最適化され、創造性を育む教育 ICT 環境の実現に向けて～令和時代のスタンダードとしての１人１台端末～」というメッセージを出して、児童生徒向けの１人１台端末と、高速大容量の通信ネットワークを一体的に整備するための経費が用意された。この経費は、新型コロナウイルス感染拡大などを受けて、整備予算の前倒しが図られた。この新しい教育の技術革新は、多様な子供たちを誰一人取り残すことのない公正に個別最適化された学びや創造性を育む学びにも寄与するものであり、特別な支援が必要な子供たちの可能性も大きく広げるものであると語られた。

　また、１人１台端末の整備と併せて、統合型校務支援システムをはじめとした ICT の導入・運用を加速していくことで、授業準備や成績処理等の負担軽減にも資するものであり、働き方改革にもつなげていきます、という決意を大臣は表明している。

　さらに我々は教育界以外での動向にも目を向ける必要がある。たとえば、経団連が2019年２月に発表した報告書「AI 活用戦略～AI-Ready な社会の実現に向けて～」などや経済産業省が推進している、端末上で人工知能（AI）が生徒一人一人に効率的な学習を提供することで、学習効果

の向上や教員の働き方改革につなげようとする教育技法の「EdTech（エドテック）」事業などの存在にも注目しておく必要がある。

　社会の様々な分野で、AIの利活用が活発に動いている。学校教育や教育行政分野などでも、この技術革新の果実を子供の学びや組織的な学校教育にも導入することが積極的に取り組まれてしかるべきだろう。学校には、実に多くのデータ（ビッグ・データ）が存在する。眠っている情報を組織化し、一人一人へのきめ細かい生徒理解の上に立った指導や支援を充実させ、個別最適な学びのサポートを創造していくことが期待される。また、その技術革新の成果は、生徒と保護者に対しても、効果的な情報提供となり、生徒が主体的に自らの学びを企画し、実践できる生き方や在り方の発見にもつながるであろう。

（3）多彩な個人の組織力を創出する

　高校は、義務教育の小中学校と異なり、入試という選抜機能を経た生徒がそれぞれの高校に入学するシステムである。当然にも、学校ごとの個性は多様であり、教師に期待される指導力も、すべての高校教育における共通性と同時に、個別性や特色化が要請される。指導内容の高度化や多様化等によって、教師の指導実態にも、多彩な姿がみられる。

　それは反面で、学校教育の組織性や系統性などの点で、脆弱な面を持つことにもつながる。学校経営における学年経営や教科経営の視点の欠如や不足も危惧される。多彩な才能を持った教師が個性的な授業を展開する魅力も重要だが、学校教育の多様性や持続可能性を保障していくには、個性ある指導等を大切にしつつも、学校全体としてのミッションの確立、組織力の創出が望まれる。

　そのために学校経営において求められるのが、各学校の自律的な「学校経営計画」、「学校経営ビジョン」の開発である。学校経営のマネジメント・サイクルの創造である。現在のような「アンケート重視」の学校評価ではなく、PDCAのサイクルの中での学校づくりである。この点にこそ、校長のリーダーシップが具現化されるといっても過言ではない。

3．学校 Ver.3.0が期待する高校教育

(1) 持続可能な多様性を持つリテラシー学習の重要性

　学校 Ver.3.0が狙いとしていることの中で私が重要と考えるポイント
は、第一に、それぞれの学校がネットワーク化している地域・家庭・大
学等・企業等を含む多様な学びのプラットフォームとの複層的なつなが
りである。社会の進歩発展が分業化や拡散化等を招来し、相互依存と自
己本位の弊害をもたらしていることを克服するためには、有機的で柔軟
性があり、緩やかな連結による学びの重層化に着目する必要がある。人
生百年時代に相応しい持続可能な学びと考えてもよい。

　第二には、多様なリテラシーを獲得することの重要性である。新しい
学びは、STEAM 重視の側面も重要だが、より広い視点でのさまざまな
リテラシー（言語的、数理的、情報的、文化芸術的など）を涵養することが、
超スマート社会での人間に必要とされる資質・能力ではないかと考え
る。そして第三は、学習の能動性や主体性を保障する学びの場の創造で
ある。学びに積極性や協働性などが生まれるには、楽しさや自己肯定感
などが重要となる。学びのツールは様々に進化している。より期待され
るのは、好奇心、探究力、科学的・合理的思考などへの信頼と熱意であ
ると思う。

(2) 新しい「学び」の実現に向けて

　既に私たちは、様々な学びへの夢と新しい時代の学校への期待を描く
ことができつつある。しかし、それを画餅に帰することがないようにす
るには、強い未来志向と説得力のあるリーダーシップ、それを支える政
治や教育行政の着実な指導と支援であると思う。さらには、円滑な具体
化を保障するしっかりとした財政的保障が重要であることは、論を待た
ない。道は困難を極めるかもしれないが、できない理由ばかりをあげつ
らうようなネガティブな思考から脱却して、夢を夢に終わらせず、新し
い地平の学校を創造する意欲と勇気を持たねばならない。

学校経営のイノベーション
～新たな学校経営に向かうマインドセットのために～

稲井達也●

大正大学教授

1. テーマへの接近～Society5.0が描く学校～

　2018（平成30）年６月に文部科学省から公表された報告書『Society 5.0 に向けた人材育成～社会が変わる、学びが変わる～』（Society 5.0に向けた人材育成に係る大臣懇談会 新たな時代を豊かに生きる力の育成に関する省内タスクフォース）では、Society 5.0（AI と ICT の進展を前提にした超スマート社会）における学校は、教育用 AI による個人のスタディ・ログ（学習履歴、学習評価、学習到達度など）や健康状況等の情報を把握・分析し、一人一人に対応した学習計画や学習コンテンツを提示する個別最適化された学びとなることが示されている。学びの場は学校だけではなく、公的機関や自然環境など地域の様々な教育資源や社会関係資本の活用により、いつでもどこでも学べる社会像が提案されている。報告書では、ビッグデータの限界や倫理的課題があることも指摘されている。しかし、それを運用するためには、教師の労働環境の改善、家庭への経済的支援などの施策が必要である。ここには夢物語ともいえない情報通信技術の発展や人びとの価値観の変化が前提にある。

2. 学校 ver.1.0と ver.2.0

　学校 ver.1.0とは、「工業社会」の時代である。一斉授業や暗記した知識を再生する教育が中心となった時代である。学校経営は、人間関係が重視された。学校経営 ver.1.0の時代は、戦後の民主主義教育の流れの

中でつくられた教員主体の学校経営が行われていた時代でもある。教員と学校経営は結びつきにくいが、そういう雰囲気にあった。互選によって選ばれた主任層を中心に学校運営委員会が開催され、学校経営が主体的に行われていた。選挙で選ばれた教員が希望調査に基づいて人事の原案を作成し、校長に提出していた学校もみられ、校長はその人事案をほぼ追認していた。職員団体の影響力も大きかった。校長自身がもともと職員団体に所属していたことも多く、持ちつ持たれつの関係であり、ある意味でバランスが取れていた。

　次に学校 ver.2.0の段階である。学校 ver.2.0は学校の組織化の時代である。校長の権限強化が推進され、同時にトップ・リーダーとしてのリーダーシップが求められるようになった。それは'強い校長'である。たとえ教職員が反対しようとも、教育委員会が下ろしてくる方針は貫く。正しいと信じた学校経営方針は貫徹する。主幹教諭や副校長という新たな職が新設された。学校教育は従来の鍋蓋の組織構成から、校長をトップとする階層型組織に転換した。また、学校評議員制度や学校運営協議会制度が設けられ、学校の情報公開が当たり前となった。

　世界的な新自由主義経済政策の潮流の中で、学校教育が消費者の意向を汲むサービスへと転換した。少子化の進展の中で、公立高校といえども学校間の競争が生まれた。社会では格差社会の歪みが大きくなった。

3. 学校 ver.3.0への足がかり

(1) PDCA サイクルの改善を図る

　学校 ver.3.0は、2020年から先を見通した学校経営である。組織運営についての新しいイメージが必要である。2000年代に入って浸透したPDCA サイクルによる学校経営は、むしろ工業化社会で効果を発揮した手法である。同じ規格の良品を効率よく大量生産する消費社会では有効であった。この手法が本当に学校経営に馴染むのか、これまであまり議論された形跡は見られず、思考停止の状態だった。

日本型の共同体的な企業経営は世界に遅れをとるものとされ、成果主義が進んだ。しかし、イノベーションは起きなかった。稟議と根回し、文書中心の判子文化、議論ではなく確認のための会議などは依然残されたままである。イノベーションを産むような企業文化はベンチャーを中心に発展した。日本の学校教育はあらゆることを抱え込み、業務が膨らむ一方で、働き方改革が一向に進まない。国の責任も大きいが、学校文化の影響が大きいことは否めないであろう。PDCA を 1 年間単位で回していれば、スピード感は生まれない。学校では日々さまざまな課題が立ち現れる。一つの手法を固定的に捉えず、発想の転換を図ることが必要である。

(2) ボトムアップにより最適解を導き出す

　校長、教頭・副校長、主幹教諭といった職層についても、従来型の組織観ではなく、新たな経営イメージで捉え直し、旧来の発想から脱却する必要性がある。階層型の組織では、指揮命令系統が垂直であるため、指示は通りやすく、校長の意思は反映されやすいという利点がある。しかし、元々が共同体的な組織のため、硬直化する要素を持っている。主幹教諭や主任は、最適解よりも全員賛成の多数意見を尊重しがちになる。教員が受け身になりやすく、新たな発想は生まれにくいため、いくら教頭・副校長が校長の意を受けて動いても前に進まない場合もある。悪い情報が上がりにくく、解決や意思決定を全て管理職に委ねるような依存傾向にも陥りやすくなる。また、校長の学校経営の方向性がずれていたり、誤っていたりしても、すぐには修正されず、そのまま進んでしまう。年度末のチェック段階では手遅れになっている。

　これからの学校で必要なのは、トップ・マネジメントとボトム・アップ融合型のマネジメントへの転換である。主幹教諭や主任等にも判断や意思決定を求め、校長も一緒に考える。分掌ごとの討議の中で最適解をつくり、提案してもらう。情報共有の会議を課題解決型、創発型の会議へと質的に変えていく。落とし所に落ち着くような中間的な意見ではな

く、最適解を皆が考え、提案し易い仕組みをつくり、教員一人ひとりが有用感を持てるようにする。これは同時にOJTの大きな要素にもなる。

(3) 校務分掌の相互不可侵の文化を変え、変化を起こす

　校務分掌の業務はルーティン化されているため、新たなアイデアや改善策を求めても出にくい。また、「これは○○部の担当ではない」となり、相互不可侵の鉄則が立ち現れ、少しも前に進まなくなる。では、主任同士が調整すれば良いかといえば、年度当初の業務分担が弊害となり、年度途中での変更ができない。学年、校務分掌という組織を縦につなぐ糸だけでは硬直化する。横の糸、すなわち横断的なつながりが組織を活性化する。つながりは、あえて具体化させる。

　学校には1分掌に収まり切らないような課題がある。その解決に向けてスピード感をもって進めるには、プロジェクトチームによる方法がある。その際、ベテラン教員が中心になるのではなく、思い切って自ら手を挙げてもらった若手教員を中心に組織する。プロジェクトチームには権限を与えるようにする。分掌に戻して議論するようなことをすると、そこで潰されてしまう場合がある。また、組織論を持ち出される場合もある。校務分掌の意味がないという声、組織二重化への懸念が出てきやすくなる。従って、予め分掌から課題を吸い上げ、特に主任層にはプロジェクトチームへの意識を浸透させ、丸投げ感を生まないようにする。校務の見直しと改善は横断的な課題であり、プロジェクトチームの課題になり得る。プロジェクトチームの業務を校内で「見える化」するため、中間報告を行い、速やかに事業を実施していくことが求められる。ただし、プロジェクトチームは、ただでさえ忙しい学校がますます多忙になる点には、十分に留意する必要がある。

(4) 教科等のカリキュラム改革でイノベーションを生み出す

　学校教育にもイノベーションは必要である。現代の学校教育は、'不易'が蔑ろにされてきているが、'不易'を固めないと、何を'流行'とするかが見えてこなくなる。そして、不易は普遍と一体のものでもある。

‘流行’は‘イノベーション’と置き換えて考えることができる。校長が発想することは大切であるが、教員の思いとずれることがある。教員一人ひとりの発想を促していくことがすなわち‘イノベーション’そのものにつながる。イノベーションの鍵は、教科、総合的な探究の時間といった教科等のカリキュラム改革にある。特に2018（平成30）年改訂の学習指導要領は、高大接続も関係し、学校には様々な工夫の余地が残されている。これを好機と捉えて、学習指導要領の理念を具体化し、カリキュラム開発を通して、教員の授業改善に繋がる仕組みを構築することが必要である。前述のプロジェクトチームには適した課題である。

（5）スクラップ＆ビルドを促す

学校経営がビルド＆ビルドになりがちであることは、これまでつとに指摘されてきた。しかし、スクラップ＆ビルドほど難しいものはない。例えば、‘スクラップ’では学校行事の精選が挙げられることが多いが、高校の場合、文化祭、体育祭が生徒主体による学校行事に位置付けられている学校が少なくないため、生徒を無視した縮小や廃止は困難である。伝統的な行事であるほど同窓会との軋轢を生む。ここには手をつけない方がよい。むしろ、日常業務の見直しを優先することが肝要である。○○教育と標榜される教育課題の精選、校内委員会の廃止や統合、職員会議の回数減、情報共有だけの会議の廃止など、手をつけられることはいくつもある。‘スクラップ’を促すのは、校長の勇気と決断である。

（6）学校の機能を分散化する─学校化社会からの積極的な脱却─

新型コロナウイルスの感染拡大に伴う休校措置は、学校にあらゆることが集中するリスクを露呈した。前述の報告書では、Society 5.0は、様々な機関と連携することが提案されている。

学校教育を分散化することは、リスク回避でもある。様々な状況にある家庭に一律で色々と頼ることは格差を広げるが、居場所づくりはそれを避けることにもつながる。子供食堂は最たる例である。学校でこそできる教育活動に集中することは望ましい方向である。ただし、コーディ

ネートを担う人材がいないと難しい。それさえも外部人材に委託することで乗り越えられる。同時に業務の IT 化による効率化が必要になる。

（7）現役感覚を失わずに見守る─強い校長像からしなやかな校長像へ─

　これまでは、校長に経営者としての役割を求め過ぎた。その結果、ゆるぎのなさ、強さ、成長を志向した強い校長像が適切とされてきた。

　しかし、変化の大きな時代は校長にはプレーイング・マネージャーの感覚が求められる。例えば、生徒の名前と顔が浮かぶ、学習指導要領の理念を生かした授業を構想できる、オンライン授業のソフトウェアを使えるといったように、すぐにでも現場に出て行けるように備えているかどうかである。中でも、ICT 活用の知識は必須である。これは教員の代わりにやるということではない。いざとなれば、具体的に提案したり、助言したりできる、実感を持って的確に判断できるということである。教員は校長に現場感覚があるかどうかを見ている。

　的確な判断のためには、理念ではなく具体をもち、現役感を失わない想像力と実践力が必要である。

4．マインド・セットの本質的な変更

　新型コロナウイルスの感染拡大により、世界はコロナ前の世界には戻れないであろうし、戻ろうとする意味もない。新たな価値観の急激な転換を促したともいえるだろう。むしろ、このピンチをチャンスと捉え、校務を精選して本当に生徒にとって大切なことに注力する、教員一人ひとりの強みを洗い出して再評価する、教員の ICT 活用能力を高める、スクラップ＆ビルドを推進する、危機管理マニュアルを見直して激甚災害や地震、感染症に強い学校づくりを進めるなど、さまざまな改善に取り組める。ボトム・アップで教員から改善の提案を吸い上げ、学校経営に反映させるチャンスである。学校経営 ver.3.0では、ステレオ・タイプの価値観はもとより、既存のパラダイムを一度白紙に戻す、つまり、マインド・セットの本質的な変更が迫られているといえるだろう。

3

教育委員会との良好な関係を
どのように築くか

増渕達夫

帝京大学教授

1. テーマへの接近

　学校と教育委員会との「良好な関係」とは、両者が相互に緊密に連携して、社会から要請されている使命を果たすことができる関係のことである。

　「地方教育行政の組織及び運営に関する法律」に示されているように、地方教育行政は、教育の機会均等、教育水準の維持向上及び地域の実情に応じた教育の振興をその基本理念としている。また、今回改訂された学習指導要領の前文にもあるように、これからの時代に求められる教育を実現していくためには、よりよい学校教育を通してよりよい社会を創るという理念を学校と社会が共有することが必要である。こうしたことから、教育委員会は学校を管理する立場にあるが、両者は公教育がその社会的責任を果たすための「パートナー」であるとも言える。

　現在、学校が直面する教育課題は複雑化・多様化している。学校は、これらの課題に的確に対応し、教育活動の一層の充実を図るため、「カリキュラム・マネジメント」や「チームとしての学校」の体制整備などに取り組んでいる。各学校には、同窓会、地域の行政機関、企業、団体等、これまで培ってきた独自のネットワークがある。今後、全ての学校で人的・物的資源等を確実に確保できるようにするため、教育委員会には学校の意図を的確に受け止め、必要な人材を開拓したり、学校に紹介したりする役割も求められている。

　これからの校長は、学校が期待される役割を適切に果たすことができるようにするため、教育委員会の組織や機能をこれまで以上に積極的に活用することが必要である。

2. 校長と教育委員会との具体的な連携の在り方

(1) 教育委員会の組織や施策についての理解と活用

　学校にとって、その学校を所管する教育委員会は最も身近であるべき存在である。そのため校長は、円滑に学校経営を行うことができるよう、教育委員会の組織や施策などについて十分に理解することが必要である。

　教育委員会は、教育長と委員で構成される行政委員会であり、その権限に属する事務を処理するための事務局が置かれている。地方公共団体によっては、この事務局を「教育庁」や「教育局」などと称し、教育委員会規則により、学校の設置・廃止、学級編制、授業料、就学奨励費等、学校の管理を担当する部署、教職員の任用管理、服務事務、時間講師・非常勤職員等の任免管理等、人事を担当する部署、教育課程・教育内容、生活及び進路に関する指導等、教育内容・方法の指導助言を担当する部署などによって組織されている。校長が日常的に対応する「教育委員会」とは、この事務局を意味することが多い。

　教育委員会の施策は、教育委員会の会議において、事務局からの説明に基づく質疑応答等を経て決定・承認される。会議の内容については、各教育委員会のホームページ等に原則として公開されており、教育委員と事務局との間では、生徒の利益や校長への適切な支援、学校教育の一層の充実といった観点から質疑が展開される。教育委員会において有効な施策が策定され、確実に生徒の利益等につなげるためには、教育委員会と学校との緊密な意思の疎通が不可欠である。

　そのため、事務局は施策案の作成過程の段階で、校長会等の会議において、丁寧に趣旨の説明や意見聴取、質疑応答などを重ねる。また、必要に応じて、担当者が学校を訪問して意見交換等を行う。

校長には、施策の趣旨を正しく理解し、自校の現状等に応じた主体的な取組が求められることから、事務局の担当者との間できめ細かく情報交換等を行い、教職員がその意義を理解し、組織的・計画的に取り組むことができる環境整備を推進することが必要である。

(2) 学校経営計画の確実な実施に向けた進行管理

　学校経営計画は、中・長期的視点から目指す学校像を明らかにし、当該年度における学習指導、生活指導、進路指導、学校運営等の教育活動の目標と、これを達成するための具体的方策及び数値目標を示すものである。このことによって、教職員全員がその具体的な目標に向かい協働体制を確立し、学校の自律的な改革と教育の質的向上を図るとともに、ホームページ等を通して広く公開することにより説明責任を果たし、開かれた学校づくりに寄与するものである。

　こうしたことから学校経営計画は、校長の教育理念とその実現のための方策を学校の内外に示す「公約」としての役割をもつものとも言える。策定に当たっては、自校に課せられた社会的使命、教育委員会の教育目標や基本方針、重点施策との関係などを踏まえる必要がある。また、確実に実行し、成果と課題を明らかにできるよう、組織的で計画的な進行管理と評価が不可欠である。

　教育委員会によっては、事務局の担当者による校長の自己申告の面接の際に、学校経営計画に基づいて、成果や課題等の報告を求め、必要な助言も行っている。また、担当者と校長が四半期ごとに予算執行状況と併せて計画の進捗状況について情報交換などを行っている。こうした取組は、各学校が学校経営計画を確実に実行できるようにするとともに、教育委員会が学校に応じた支援を具体化したり、新たな施策を構築したりするなど、双方の信頼関係の一層の深化にもつながるものである。

(3) 学校訪問の活用

　教育委員会が行う学校訪問は、各学校の現状・課題及び成果を把握し、学校との連携の強化を図り、適切な支援を行うことができるようにする

ことなどを目的としている。校長はこの機会を積極的に活用できるようにすることが重要である。

　指導主事等事務局の担当者による学校訪問は、校内研修や初任者の授業観察等を通した学校への指導・助言、研究指定校としての取組状況の把握や指導、文化祭や体育祭などの学校行事における生徒たちの活動状況や地域等との関係の把握、職員会議や企画調整会議（運営委員会）への参加等を通した学校経営上の課題の把握などが目的である。こうした訪問の場合、校長は担当者に学校の取組や悩み等を率直に伝え、一緒に考えることができるようにすることが重要である。一般的に、指導主事等が学校訪問をすると、その結果を上司等に報告して必要な指示を受け、校長から示された課題の解決策について関係部署で検討し、後日、校長にその検討結果を伝える。先行研究や他県の先進校などを紹介することもある。何度も相談を重ねることもあるが、こうした継続的な関係の構築は、両者の信頼関係を深めるためには極めて重要である。

　近年、指導主事の事務的な業務が増加し、学校訪問の機会が減少しているとの指摘もある。教育委員会と学校とをつなぐ役割を担う指導主事にとって学校訪問は最も重要な業務の一つであり、その意義を踏まえ、校長から積極的に学校訪問を要請することも必要である。

　教育長や教育委員が、施策の有効性の確認や所管する学校の実態把握などを目的として学校訪問を行うことがある。訪問を受ける校長にとっては、学校の取組を伝える絶好の機会である。両者にとって意義深い訪問となるよう、事前に、行程や説明内容、資料などについて、事務局の担当者と十分な打ち合わせをすることが重要である。例えば、当日の流れとしては、以下の内容が考えられる。

　○　校長からの学校概要説明　　○　校内視察（授業参観、施設見学等）

　○　意見交換（主幹教諭等教職員代表、生徒代表等）　　○　懇談

　また、東京都教育委員会では、入学式・卒業式等において、教育委員や事務局の職員が分担して、全ての都立学校を訪問して祝意を表するた

めに式典に参列し、「教育委員会挨拶」を行っている。この取組は、教育委員会と学校との相互理解を一層深める貴重な機会にもなっている。

(4) 人材情報の共有による人材育成と人事構想の実現

公立学校に勤務する教職員は、経験年数等に応じて、異動要綱に基づいて異動したり、選考を受験して教育管理職に昇任したりして、キャリアアップを図っている。

校長には、各教職員が望ましいキャリア形成を図ることができるよう、授業や校務分掌業務、校内研修等を通して、人材育成を推進する責務がある。一定の経験を積んだ教職員を、教育委員会が主催する研修会等に参加させることにより、当該の教職員の資質・能力を高めるだけでなく、その成果を校内に普及させ、学校としての指導力向上につなげることもできる。

事務局の担当者にとっては、研修会に参加している教職員と直接接することにより、校長の育成方針を具体的に理解し、当該の教職員に応じたさらなる研修の機会に関する情報提供や教育委員会が設置する委員会の委員の委嘱などにつなげることができる。

そのため、校長は、人材育成や服務管理を適切に行い、人事構想などに反映できるよう、事務局の人事担当との間で継続的な情報交換を行うことが必要である。

(5) 危機管理の徹底

学校は、保護者等の信託を受け、かけがえのない生徒の生命と安全を確実に守ることが求められている。しかし、いかに事故の未然防止に万全を期していたとしても、様々な事故が発生しているのが現実である。

事務局では、学校で発生した事故に関する情報を取りまとめ、校長会等で情報提供を行っている。校長は、「他の学校で発生した事故は、本校でも起こりうる」との認識をもち、これらの情報を基に、未然防止のための取組や同様の事態が発生してしまった場合の対応について、全教職員に校内研修等の機会を通じて周知・徹底する責務がある。

　ひとたび学校事故が発生すると、学校内は混乱し、様々な対応が同時並行で求められる。また、校長や副校長が出張で不在の場合もあり、校内だけで万全の体制を構築することが困難であることが少なくない。

　そのため、学校事故が発生した（または発生が疑われる）場合、事務局の所管部署に対して迅速に第一報を入れることが重要である。

　事務局は、第一報を受けて、学校を支援するための体制を構築するので、校長は指導主事の派遣など必要と思われる要請を躊躇することなく確実に行うことが必要である。学校への支援のために派遣された指導主事は、随時上司や担当部署等と連絡を取り、必要な対応について学校に助言するとともに、状況の推移について時系列で記録を取り、対応に遺漏がないかどうかを確認する。また、校長等が生徒集会や保護者会等で一貫性をもって説明できるよう、説明原稿の案文や質疑応答のための資料の作成に協力するなど、校長が事故対応の最前線で冷静に判断できるよう支援する。

3. 校長への期待

　Society 5.0における学校は、読解力等の基盤的学力を確実に習得させながらも、一人一人の学習履歴や到達度などに応じた学習が促進されるようになると言われている。また、教室での学習にとどまらず、大学や、企業、NPO など、地域の様々な教育資源や社会関係資本を活用して、いつでも、どこでも学ぶことができるようになると予想されている。

　こうした学校をつくる主体は各学校の校長である。しかし、校長が単独でできることではない。公立学校においては、各学校の特色化を推進するとともに公立学校としての一定の水準を確保するために、教育委員会もまた重要な役割を担う。

　冒頭にも記したが、学校と教育委員会はこれからの学校づくりを推進する重要なパートナーである。そのため、校長には事務局との一層緊密な連携関係を構築し、その職責を果たすことが求められている。

4

リーガル・マインドを意識した学校経営

樋口修資

明星大学教授

1. テーマへの接近

（1）公立学校教員にとって教育法規を学ぶとは

　なぜ、公立学校の教員は教育法規について学ばなければならないのか？学校の教員は、教材・授業研究等を通じて自らの専門性を高め、児童生徒の学習指導や生徒指導などの教育活動に生かすとともに、様々な校務分掌の業務を担い、学校の教育活動を支えている。しかし、現代の学校教育は公教育として組織され、法令に基づいて適正に運営されることが不可欠である。また、学校に勤務する教員の職務の在り方や服務・権限の範囲等も法令に定められている。このため、教員には、教育法規についての基礎的な知識と理解に立って、日常的な教育活動を行っていくことが求められており、このことが教員にとって教育法規を学び、リーガル・マインドを身に付ける必要性といえる。

（2）公教育は「法律による行政の原理」に基づく

　国や地方の行政は、法の下に法の規制を受けながら法に基づいて執行することが基本である。教育行政においても、この「法律による行政の原理」に基づき、教育行政の活動が展開される。公教育として組織されている学校教育は、教育行政の一環として実施され、学校の人的・物的・運営管理は、法律に基づいて行われなければならない。

　教育基本法第16条第１項では、教育は、「この法律及び他の法律の定めるところにより行われるべきもの」と定め、教育行政の法律主義を明ら

かにするほか、学校制度や学校教育の実施については学校教育法で、また、教育委員会の設置や公立学校職員の身分取扱いなど地方教育行政の組織・運営の基本については地方教育行政法で、さらに、教員の任免、給与、分限・懲戒、服務、研修等については、地方公務員法や教育公務員特例法で定められている。このように学校経営は、各種の教育法令に則り円滑に実施されなければならない。

2. リーガル・マインドからみる学校の管理運営

(1) 学校管理規則について

　地方公共団体が設置する学校については、学校の管理機関である教育委員会が設置者としての一般的支配権を有し、その管理運営に責任を有するが、他方、公立学校がその自主性を発揮しつつ、学校本来の目的を効果的に達成できるよう、学校の管理運営についての両者の責任分担の基本的あり方について「学校管理規則」が定められている。

　学校管理規則は、地方教育行政法第33条に基づき定められている教育委員会規則であり、学校の施設・設備、組織編制、教育課程、教材の取扱い、その他学校の管理運営の基本的事項について規定しており、学校運営のいわば「ルール・ブック」といえるものであり、学校運営に当たって不可欠のものである。学校では、学校管理規則を踏まえて、適切な学校運営に努めることが求められている。

(2) 校務分掌について

　学校は一つの組織体であり、学校が学校教育の事業を遂行するのに必要な一切の業務である「校務」を円滑にそして効果的に行うために、学校の各教職員が仕事を分担し、その仕事を一定の秩序の下に処理する仕組みが整えられなければならない。

　学校運営上必要な一切の業務は、学校教育法第37条４項において「校務をつかさどる」立場にある校長の権限と責任において処理されるべきものとされる。しかしながら、多岐にわたる校務の一つ一つを校長が直

接判断することは、実際上困難であるとともに、組織体としての学校の運営上も効果的とはいえないことから、教育委員会が定める学校管理規則等に基づき、校務分掌規則や規程などが定められ、これに基づき校務分掌の組織が整えられ、各教職員に対して個々具体に校務分掌の組織のどこに位置付けられ、どのような仕事をするのかが定められる。校務分掌を命じられた教職員は、校長の監督の下に、職務命令（校務分掌命令）に忠実に従わなければならない（地方公務員法第32条）。

（3）教職員の服務監督について

　公立学校の教職員は、地方公務員の身分を有することから、地方公務員法により、地方公務員としての服務義務が課される。服務義務とは、公務員たる地位に基づき、職務上あるいは職務外において公務員に課せられている規律に服する義務のことである。

　公立学校の教職員の服務義務は、教職員が職務を遂行するに当たって遵守すべき「職務上の義務」と、公務員という身分を持つものである以上、勤務時間の内外や職務遂行の有無を問わず遵守すべき「身分上の義務」とに分けられる。

　地方公務員法上の服務に関する規定のうち、「職務上の義務」に属するものとしては、服務の宣誓（第31条）、法令等及び上司の職務上の命令に従う義務（第32条）、職務に専念する義務（第35条）がある。

　また、「身分上の義務」に属するものとしては、信用失墜行為の禁止（第33条）、秘密を守る義務（第34条）、政治的行為の制限（第36条）、争議行為等の禁止（第37条）、営利企業への従事等の制限（第38条）がある。ただし、公立学校の教員については、教育公務員としての職務と責任の特殊性に基づき、教育公務員特例法により、兼職・兼業（第17条）、政治的行為の制限（第18条）、職務専念義務免除研修（第22条第2項）の特例が設けられていることに留意する必要がある。服務義務に違反した教職員には、地方公務員法に基づき懲戒処分が行われる。

(4) 教育課程の編成・実施について

　学校は、教育基本法第６条にいう「公の性質」を有するものであり、国は、全国的な観点から、教育の機会均等及び教育水準の維持向上を図るため、学校において編成・実施する教育課程についての全国的な基準の設定権を有する。各学校が教育課程を編成・実施するに当たっては、国が定める全国的な基準として、文部科学大臣が別に公示する学習指導要領によるものとされ（学校教育法施行規則第52条等）、各学校の教育課程は、この基準に従って編成・実施することとされる。学習指導要領は、国公私立学校を通じて適用される教育課程編成の準則であり、法的拘束力を有する。因みに、平成18年、高校教育において必修科目である「世界史」の未履修問題が各地で生じたが、これは学習指導要領に違反する事例である。高等学校では、リーガル・マインドの意識をもって、教育課程管理を適切に行わなければならない。

(5) 生徒指導について

　学校においては、その教育目的を達成するため、児童生徒が学校の規律に違反した場合に、児童生徒に対する教育上の必要から「懲戒」を加えることができる（学校教育法第11条）。懲戒には、教員による叱責・起立・居残り等の「事実行為としての懲戒」と、退学・停学という学校と児童生徒との身分関係に変動をきたす、校長が行う「法的効果を伴う懲戒」（学校教育法施行規則第26条第２項）とがある。

　また、校長・教員は、児童生徒への指導に当たり、いかなる場合においても「体罰」を行うことは禁止されている（法第11条但し書き）。体罰とは、懲戒の内容が身体的性質のものである場合、すなわち、殴る・蹴るなど身体に対する侵害を内容とする懲戒や、長時間にわたる端座・直立など肉体的苦痛を与えるような懲戒をいう。体罰を行った教員については、その違法行為に対して行政上の責任等が追及される。また、体罰などの服務事故の教育委員会への報告を怠った校長等も監督責任を問われることがある。

（6）学校事故について

　学校事故とは、学校の管理下における教育活動中（部活動中を含む。）の事故であり、①教員など当該教育活動の実施について責任を有する者の故意又は過失により発生した事故、②学校の施設設備の設置管理に瑕疵（欠陥）があり、それらが原因で発生した事故のことをいう。そして、「学校の管理下」とは、学校が自らの責任において実施する教育活動中のことであり、学校の管理下となる範囲には、各教科等の授業時間はもとより、放課後の部活動や、学校が計画して実施する臨海学校・林間学校等の学校外の教育活動の時間も含まれる。学校は、生徒が安全・安心して学校生活を過ごすことができるよう、「安全配慮義務」を果たす必要があることに留意しなければならない。

①学校事故における民事責任

　国家賠償法第1条第1項では、国又は公共団体の公権力の行使に当たる公務員が、その職務を行うについて、故意又は過失によって違法に他人に損害を加えたときは、国又は公共団体が、これを賠償する責任があると定めている。

　公立学校の教員は、国家賠償法に定める「公権力の行使に当たる」公務員とされ、児童生徒に対して故意又は過失により違法に損害を与えた場合には、地方公共団体が賠償責任を負うこととなる。教員個人は直接責任を負わないが、教員に故意又は重大な過失があったときは、地方公共団体から教員に対し、賠償を求めることができる。

　学校事故をめぐる教員の故意・過失については、体罰事案などを除けば、多くは過失による場合である。いかなる場合に過失があったかは個々の事例ごとに判断されるが、教員が安全配慮義務（①通常予見される危険への配慮義務、②児童生徒の心身の発達段階に応じた注意義務）を欠いた場合が該当する。

　次に、国家賠償法第2条第1項では、公の営造物の設置又は管理に瑕疵があったために他人に損害を生じたときは、国又は公共団体は、これ

を賠償すると定めている。学校では、校舎やプール、鉄棒、臨海学校の飛び込み台などのさまざまな施設・設備が「公の営造物」に該当する。また、公の営造物の「設置又は管理の瑕疵」とは、営造物が通常予想される危険に対して通常備えるべき安全性を備えていない場合が該当する。学校の施設・設備の設置・管理の瑕疵による事故の場合、客観的に施設・設備に瑕疵があれば、学校を設置する地方公共団体の賠償責任が問われる。

②学校事故における刑事・行政責任

　学校事故の発生に関する教員等の行為の程度や状況によっては、教員個人が暴行・傷害、業務上過失致死などの「刑事責任」に問われることがある。また、学校事故の発生について、教員の法令違反や職務上の義務違反等があった場合には、「行政責任」として地方公務員法上の懲戒処分等が行われることがある。さらに、この場合、管理者である校長の監督責任も問われることがある。

3. スクール・コンプライアンスと公教育への信頼確保

　今日、民間等の企業活動においても様々な不祥事が問題となり、企業等の法令遵守が強く要請されている。学校教育は、民間企業以上に公共性の高いものであるだけに、学校における法令遵守（スクール・コンプライアンス）が強く求められており、教員の体罰や飲酒運転、生徒の個人情報の紛失、セクハラなどの不祥事や生徒指導等における不適切な対応、部活動中の事故等の防止は、保護者・地域住民などの学校教育への信頼確保のためにも学校経営上重要な課題となっている。

　また、学校事故により生徒がけがをしたり、いじめにより生徒の生命・身体に重大な危険が生じたりするなどの場合、こうした危機管理の事態に適切に対処するためには、学校と教員に法的知識とリーガル・マインドが必要となる。さらに、学校事故や生徒指導上の問題等を背景に、保護者等から教員個人が訴訟を起こされる事例も生じてきており、訴訟保険への加入など訴訟リスクへの対応も求められている。

5

働き方改革に向かう
学校経営上の課題と方策

青木純一

日本女子体育大学特任教授

1. テーマへの接近

　働き方改革がなぜ必要なのか、教員の多忙化が叫ばれ始めた当初は「子どもと向き合う時間の確保」が、また最近は「ワーク・ライフ・バランスの実現」、「教職志願者の減少を食い止めるための魅力ある職場づくり」、「学校教育の質の維持・向上」のようなスローガンが目立つ。どれも重要ではあるが的を得ているとはいえない。中学校で6割の教員が過労死ラインを超える今、働き方改革は「働き過ぎ」それ自体をまずは問題とすべきだからである。それゆえ働き方改革の要諦は教員の意識改革にあるといわれるのも当然である。

　本稿は、学校の働き方改革に取り組む国の施策を概観し、その要点をまとめるとともに、校長に率先して取り組んでほしい学校経営上の課題を、その実態を踏まえながらまとめている。

2. 働き方改革の歴史と当面する課題

(1) 業務改善に取り組んだ15年

　2019年1月25日に文科省は中教審答申「学校における働き方改革に関する総合的な方策について」をまとめ、併せて「公立学校の教師の勤務時間管理の上限に関するガイドライン」(以下ガイドライン)を発出した。ガイドラインが示した時間外勤務の上限が、月45時間、年間360時間であることはすでに広く周知する。

　2019年12月に給特法が改正され、ガイドラインを法的根拠とする「指針」に格上げした。また、自治体の判断で休日の「まとめ取り」が可能となる１年単位の変形労働時間制の選択的導入への途も拓かれつつある。教員の働き方改革は「特効薬のない総力戦」として、あらゆる可能性を模索しながら様々な方策が講じられる必要がある。

　教員の働き方を見直す動きには15年におよぶ歴史がある。2006年に文科省の教員勤務実態調査で働き過ぎが明らかになると、2007年３月の中教審答申は早々に教員の勤務時間の適正化と弾力化を求め、時間外勤務の縮減に向けて「服務の見直し、学校事務の軽減・効率化、教員のサポート体制の充実」をまとめた。同年、文科省内に学校現場の負担軽減プロジェクトチームを立ち上げ、2008年には「教員の勤務負担軽減に関する調査研究事業」として「学校事務の外部委託」「校務分掌の適正化」「教員のメンタルヘルス対策」に絞って調査研究に取り組む。文科省が各地の県市教育委員会に委託したこの事業は、2009年には35地域にも及び2012年まで続いた。

　都道府県・政令市教育委員会（以下、県市）も独自に取組を開始する。県市の取組例をみると、岩手県「提言－教員が心身ともに健康で、児童生徒と向き合う時間を生み出し、教育活動をさらに充実させるために」（2007年）、秋田県「教員が実感できる多忙化防止対策」（2008年）、兵庫県「教職員の勤務時間適正化プラン」（2009年）、栃木県「子どもと向き合う時間の確保を目指して」（2009年）があるが、ほかの県市も同じような報告書等をまとめている。

(2)「業務改善」事業の限界

　2016年の教員勤務実態調査で教員の残業時間はさらに悪化する。それまでの国や県市の業務改善事業には以下のような限界があったと思われる。

　第１は業務改善の進め方である。もともと必要な業務改善は学校種やその規模、また地域の実態によって異なる。"身の丈"に合った働き方改革が求められるが、国、都道府県、市区町村という縦割りのもとに示さ

れた課題やモデルはこうした配慮に欠けていた。つまり、業務改善は学校の研究課題であっても職場が抱える働き方の課題ではなかったのだ。

第2は学校の忙しさである。県市が取り組んだ業務改善の成果はWEBや冊子で広く発信した。ところがその成果を活用する学校に業務改善に取り組む余裕がない。どのような業務改善が必要かを検討することはゆとりがあってこそできる。

第3は業務改善のスケールである。当時の業務改善は文字通り業務の効率化や縮減がその内容で、廃止や削除といった大胆な切り口は少ない。また、教員の業務を他の職種や人材に振り分けるといった発想もない。全体には手探りで進められた業務改善であった。

こうした教訓を今後に生かしながら、以下では働き方改革の主な取組を検証する。

3．働き方改革の主な取組

（1）勤務時間、在校等時間の管理・徹底

2019年7月、文科省は全国の教育委員会1788ヶ所を対象に「学校の業務改善のための取組状況調査」を実施した（以下、状況調査）。この状況調査によれば、タイムカードやICカードによる客観的な勤務時間の把握は、都道府県66.0％（前年38.3％）、政令市75％（前年45％）、市区町村47.4％（前年40.5％）であった。都道府県・政令市において大幅な改善が認められるが、一方で市区町村はわずかに7％増と鈍い。

勤務時間の正確な把握はそれが改善に繋がってこそ意味がある。横浜市は2018年3月に「教職員の働き方改革プラン」をつくると、翌4月から「働き方改革通信」を発行し、教職員向けに様々な取組やアイデアを発信する。同時に「19時までの退勤者：70％」、「月80時間超の時間外勤務者：0％」といった数値目標も掲げ、勤務時間の「可視化」に努めている。こうした効果的な取組も行き過ぎると、「持ち帰り業務」の増加や勤務時間の虚偽申告を招く虞がある。校長によるリーダーシップは大切

だが、過度な働きかけによる「逆効果」にも注意したい。

（2）学校閉庁日と変形労働時間制

　2019年６月、文科省は夏季休業中の業務の見直しを通知した。学校５日制で夏季休業中の厳格な働き方を求めた2002年７月の文科省通知を廃止し、あらためて夏季休業中の業務の適正化を求める内容である。その際に重要な役割を果たすのが学校閉庁日である。学校閉庁日には、これから導入予定の変形労働時間制に際し、休日を「まとめ取り」する受け皿の役割がある。

　状況調査によれば、学校閉庁日をおく教育委員会は市区町村で95.9％に達する。すでに全国的に普及した学校閉庁日であるが、その日数には自治体によってかなりの差がある。市区町村で「５日未満」52.1％、「５日〜10日未満」40.0％、「10日〜15日未満」6.4％と、かりに変形労働時間によって一日１時間の勤務延長になると、４月〜７月の調整分だけで80時間を超える。学校閉庁日は、岐阜市の連続16日や土日を挟む２週間を設定する横浜市のように、大幅な日数の増加が求められる。学校においては休業中の「部活動」「校内・校外研修」の適正化は避けられない経営上の課題である。しかしそれも急ぎ過ぎるといびつな学校運営になることも予想され、校長はそのバランスを考えて対処することが求められる。

　文科省は変形労働時間制の導入要件に「上限ガイドラインの遵守」を挙げた。通常月の上限45時間をクリアしないと導入できない条件付きの制度である。かりに導入すると、校長には、年間スケジュールの調整、育児や介護など教員の個別事情への配慮など新たな仕事が課せられる。校長の負担軽減からしても導入には慎重でありたい。

（3）部活動の適正化への取組

　部活動が働き方改革の大きな柱であることは言うまでもない。2018年のOECD国際教員指導環境調査（TALIS）は日本の中学校教員が課外活動に割く時間は週7.7時間と参加国中最長だと指摘したが、日本型教育の特徴として学校は部活動を重視する。部活動に献身的な教員は多く生徒

指導上においてもその果たす役割は大きいといわれる。2018年３月のスポーツ庁による「部活動ガイドライン」は休養日週２日、平日１日２時間、休日３時間の活動時間を示したが、その半年前の調査によれば、夏季休業中に運動部顧問が部活に関わる日数は「20-25日」27.4％、「25-30日」19.7％、１日の活動時間も「３-４時間」41.3％、「４-５時間」21.6％で、半分以上がガイドラインの基準を超えている。

　部活動の改善に向けた中高別の取組をみると、「ノー部活動デーの実施」（中60.8％・高20.2％）、「土・日・祝日における部活動の制限」（中68.4％・高30.2％）、「朝練の制限や禁止」（中23.9％・高2.6％）「ガイドラインの保護者等への周知」（中24.5％・高9.0％）と、高校の取組は総じて低調である。これも今後に向けた大きな課題である。

　部活動改革で注目されるのが部活動指導員であるが、安定的な人材確保という面からみると課題もある。図１は小中学校に係わるおもな支援スタッフの待遇面（年収）の実態である。部活動の改善には指導員の安定的な確保が必要であるが、いまはその多くを採用前の講師や退職教員等に頼らざるを得ない現状がある。待遇面の改善とともにこれまでの学校頼みの担い手から、いかに幅広く人材を確保するかがこれからの大きな

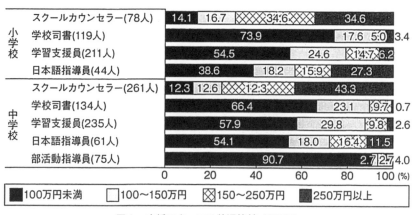

図１　支援スタッフの待遇比較（単位％）

出典）前田麦穂「支援スタッフの勤務環境の現状と課題」（樋口・青木・坪谷編著『支援スタッフで学校は変わるのか』アドバンテージサーバー、2018年）

課題である。

4. 働き方改革をめぐる学校経営上の課題

　2019年１月の中教審答申は働き方改革で「学校が取り組むべき方策」を提案した。管理職には、「教職員の働き方を改善する項目を盛り込んだ学校の重点目標や経営方針を設定」し、「教職員間で業務を見直し、削減する業務を洗い出す機会を設定」すること、さらに「自らの権限と責任で、（中略）児童生徒の学びや健全な発達の観点からは必ずしも適切だとは言えない業務又は本来は家庭や地域社会が担うべき業務を大胆に削減」せよと訴える。その例に、「試合やコンクールに向けた勝利至上主義の下で早朝等所定の勤務時間外に行う練習の指導」、「内発的な研究意欲がないにもかかわらず形式的に続けられている研究指定校としての業務」等を挙げた。大胆な例示から文科省のやる気が伝わるが、校長においても強いリーダーシップが期待されている。

　教員の働き方を改善する方法は極めてシンプルである。「仕事を減らす」、「手当を払う」、「人を増やす」の３つしかない。財政的に「払う」と「増やす」が難しい現状では「減らす」を徹底する、それが業務改善の効果的な中身である。

　学校はこれまで「教育的」という言葉で仕事を安易に増やす傾向にあった。しかし、これからは管理職のリーダーシップのもとにスクラップ＆ビルド、またはそれ以上の取組が求められる。ときにスクラップ＆スクラップといった発想も必要だろう。校長にはこれまで積み上げた職場の実践知をもとに大胆な業務改善に取り組むことを心より願っている。

〈参考文献〉
・教職員の働き方改革推進プロジェクト編『学校をブラックから解放する』学事出版、2018年
・文部科学省「令和元年度　教育委員会における学校の働き方改革のための取組状況調査」、2019年
・日本教職員組合「2019年 学校現場の働き方改革に関する意識調査」2019年

6

女性教員が働きやすい 男女平等をめざす学校経営
〜女性校長として働きながら考えたこと〜

吉田寿美

東京都立豊多摩高等学校校長

1. テーマへの接近

　教職について36年。大学を卒業し、子どもの頃から憧れていた教員になった。日々、目の前の仕事に向かい合っていたら、あっという間に36年間が経った。私は、1986（昭和61）年に「男女雇用機会均等法（雇用の分野における男女の均等な機会及び待遇の確保等に関する法律）」が施行される前の世代である。民間企業に就職した多くの同級生は、結婚や出産を機に家庭に入った。しかし、教職の世界は違った。結婚し育児を行い仕事を続ける多くの女性の先輩方の姿があった。彼女たちは、何があっても当たり前のように仕事を続けていた。男女ともに定年まで勤めるのが当たり前の雰囲気の職場であったから、ここまで続けられた。また、男性に負けたくないという思いで仕事をしてきたことはない。ひたすら、目の前の課題に取り組んでいたら36年が過ぎていたというのが正直な気持ちである。

　思えば、「私は結婚していないから、これまで育休を一度もとっていない。」「子育てで職場を離れた分、その後に沢山職場にお返しをすれば良いから。」「教員は育児休業があっていいですね。僕の奥さんは、出産で仕事を辞めました。」等々の発言も受け、職場には様々な立場で様々な思いを抱えた人々がいることを実感している。

　「仕事は、一人ではできない。様々な立場で様々な思いを抱えた人々が集う職場で、自分は仕事をしている。」私は、この意識を強くもちなが

ら、仕事をしてきた。管理職になる前、そして管理職になってからも、私は周囲の多くの方々に支えられてきた。これまで出会った周囲の方々には、本当に感謝している。周囲の方々と仕事ができるありがたさ。これが、私の仕事の原点である。

　昨今、「ダイバーシティ（Diversity）（多様性）」という言葉が世間で謳われている。元々は、女性やマイノリティの積極的な処遇や差別のない処遇を実現するためにアメリカで広がった言葉である。現在は、性別、人種、国籍、宗教、年齢、学歴、職歴など多様さを活かして、企業の成長につなげようとするダイバーシティ経営を行う企業が増えている。私の学校経営の視点は、男女平等はもちろん、「ダイバーシティ」を目指し、多様な人々が自身の個性と能力を発揮できる働きやすい職場の実現である。

2.　女性校長として働きながら考えたこと

　学校教育法では、校長の職務は「校務をつかさどり、所属職員を監督する」と定めている。校長の職務は、学校の責任者として、各学校に課せられた使命に基づき経営方針を立て、学校全体の仕事を教職員に振り分けて実行させる仕事である。４管理（学校教育・所属職員・学校施設・学校事務の管理）・２監督（所属職員の職務上・身分上の監督）と言われる。学校の最終責任者である校長は、組織の先頭に立ち、周囲を指揮、先導して組織の方向性を示すリーダーでもあり、組織の構成員が能力を最大限に発揮できるように役割分担や成長を支援するマネージャーでもある。

　私は、多様な人々が自身の個性と能力を発揮できる働きやすい職場の実現を目指し、現場の状況に応じて、自身の中でのリーダーとマネージャーの役割の比率を変化させ、柔軟に対応してきたつもりである。

　現在、前任校で２年間、現任校で２年間の校長職を務めている。２校とも校長として着任した時は、「小・中学校よりも女性校長が少ない高等学校の現場に、女性校長が配属されたら、生徒・保護者・教職員・同窓

会等は驚き、女性校長との付き合い方を戸惑うかもしれない。女性校長の私の人となりや仕事を見てもらい、安心してもらうしかない。」という思いを抱きつつ、学校経営に向かった。

　女性校長の学校経営に視点が置かれた今回のテーマに合わせて、以下、私の学校経営の中でそれに該当するものを挙げていく。

（1）等身大の女性管理職

　女性の中でも小柄な体型、柔らかそうな雰囲気に見える（らしい）私が、校長としてできることは何か。考えた結果が、要は、結果を出せばよいであった。まず、私自身が誰よりも学校のこれからを考え、誠実によく働くこと。常に何にでも好奇心をもち、学び続けること。そして、教職員が校長を信じ、学校のために個々の能力を発揮すること。この形の学校経営が、自分らしくやりやすい形であると考えた。誰でもできる学校経営の形である。そこに、私の強みがと問われたら、誠実さ、対話、決断力、明るさであろうか。

　「転んでも大丈夫。10年後は小さな点になるだけ。」「十分に迷ったならば、どちらも正解。後は、選んだものを正解にするだけ。」「私でもできるのだから、皆さんならもっとできますよ。」「役職が人をつくる。」この言葉は、私が周囲によく語る言葉である。教職員に勇気を与え、仕事を続けていく中で誰もが管理職を目指せることを示すのが、私の役割の一つでもあると思っている。

（2）一人一人に求めるリーダーシップ

　リーダーシップを発揮するとは、周囲に良い影響を与え、成果を出すことであり、男女問わず組織構成員全員に求められるものであると考えている。学校現場では、教職員一人一人が学校組織の一員として、校長の経営方針にどのように貢献していくのかを考えて行動することが理想である。Ｐ.Ｆ.ドラッカーは、その著作『プロフェッショナルの条件』で、「リーダーシップとは、組織の使命を考え抜き、それを目に見える形で明確に確立することである。」と語っている。

　具体的には、教職員に、校長の学校経営方針に対する仕事への取り組み方を自己申告書で示してもらい、自己申告書に基づく面接で意見交換を行い、組織への貢献状況について話をし、セクショナリズム的思考に陥らないように指導・助言をしている。年度末には、組織への貢献度で、教員の業績評価を行う。

　教職員との話の中で、私がよく挙げる言葉の一つが「誠実さ」である。教職員には、まず誠実さを求め、私自身も、教職員に対して誠実であれと心に刻み対応している。よって、教職員が私の話を裏がないものと受け止めていると思うので、教職員に話が伝わりやすい。困難があっても人や物事に誠実に向き合う姿勢を私が良しとしていることも、教職員に伝わっていると確信している。

　組織に誠実に貢献する姿勢が強い人であったら、男女、年齢を問わず、分掌主任や学年主任のミドルリーダーに抜擢する。分掌や学年をまとめる立場になることで、自分で考え、行動し、判断する場面が増えていき、リーダーシップの力がますます磨かれていく。修羅場を経験することもあるかもしれないが、それが後の自信につながるよう励ましていく。

(3) 教育現場に還元する保護者の視点

　私は、自身の子どもの保護者でもあり、PTA役員の経験もある。そして、保護者の立場になったことで、大いに学ぶことがあった。教育活動に対して、保護者の視点が強くなった。

　保護者にとっては、かけがえのない大切な我が子である。子どもが学校に通うのは一時であるが、子どもと保護者の関係は永遠である。保護者の命ある限り、子どもとつながっている。教育活動の場面で、生徒の背景に保護者を感じながら、生徒を指導するようになった。

　また、保護者の生活も多忙であるということを実感している。保護者会、三者面談、学校行事に、保護者は、日頃の学校生活を直接に伝えられる場と期待し、各自が都合をつけて参加している。ＰＴＡ役員も、同様である。日々、保護者が学校からの通知文やメール等を読むことや学

校への提出書類を作成することは、もちろん保護者としての義務ではあるが、忙しい中で対応している。教職員も多忙であるが、保護者も多忙である。だからこそ、教職員は、直接・間接を問わず、保護者と触れ合う機会には、誠実に丁寧に対応する姿勢が必要である。人間関係の基本でもある。

　広報活動のポイントも見えてきた。保護者として我が子と一緒に学校見学に参加した際、教職員の説明や配布資料の他に、実際の学習環境や生徒の様子を見たことが、学校選択の大きな決め手になった。同程度の学力の学校でも生徒の様子は様々で、入学後は我が子が同じような様子になるだろうと考えた。学校説明会は、出会いの場である。学力はもちろん雰囲気も合う学校選択が、受験生にとっても学校にとっても好ましい。本校の学校説明会では、生徒の活躍する場も必ず企画し、学校全体の雰囲気を紹介するようにしている。

　学校の教育活動全般に渡って、保護者の視点は忘れてはならない。教職員には、教職員と生徒の二者の関係だけではなく、常に保護者の視点で教育活動を見る大切さを強調している。

(4) 出産、育児、介護、病気の教員への対応

　教職員が、出産、育児、介護、病気の状況になったときに、心から当事者を支えたいという気持ちでいる。人生は、計画通りに歩もうとしても、その通りにはならないことが多々ある。本人が出産、育児、介護、病気の状況に出会った時、その都度最善の対応を尽くしていくしかない。当事者の置かれている状況を汲み取り、様々な形で応援していきたい。合言葉は、お互い様である。

　時に、子育てを理由に仕事への挑戦を避ける教職員に仕事への挑戦を勧めたりしている。子育てをしていて決められた時間の中でしか働けない時期があるのは仕方がない。しかし、その状況なりに挑戦できる仕事はある。日々仕事で自分の能力を磨き自分に自信をもつことが、今後の本人のためになると考えている。

(5) 切り替え力

　私は、「明るいですね。」と言われることが多い。嫌なこともある。うまくいかないこともある。しかし、気持ちの切り替えが早いので、そう言われるのだろう。

　若い頃は、気持ちの切り替えに時間がかかっていた。気持ちの切り替えが早くなったのは、仕事と家事・育児に追われる時を過ごしていたことが影響しているのかもしれない。仕事の時は仕事に、家庭の時は家庭にと、素早く気持ちを切り替える必要があった。

　さらに、30代の頃だろうか。「社会人たるもの、自分の機嫌は自分で作る」という言葉に出会った。常に気持ちを整えれば、円滑に仕事が回り、冷静で的確な判断もでき、職場の雰囲気をよくする人になれる。いたく共感した。まずは、言葉や表情に気を付けることにした。これが、気持ちを切り替えることにつながった。また、同時期に、「他人と過去は変えられない。自分と未来は変えられる」という言葉にも出会った。この言葉にも励まされた。うまくいかない時に、自分の気持ちを前向きに切り替える言葉であった。

3. ダイバーシティ

　世界経済フォーラムが平成31年（2019年）末に発表したジェンダー・ギャップ指数で、日本は、調査対象となった世界153カ国中過去最低の121位であった。G7で最低であった。ジェンダー・ギャップ指数は、経済・教育・健康・政治の4分野14項目のデータをもとに、各国の男女の格差を分析した指数である。日本の男女平等の推進は進んでいるが、諸外国の男女平等の推進の動きに比べると緩やかであったという状況を示している。

　「ダイバーシティ」を謳う現在、女性を含めた多様性の受容と活用が求められている。男女ともに働き続け、性別を問わず管理職になる日が近づいている。

7

生徒の成長を促す
カウンセリング・マインドを生かした
教育を実現する学校経営

川合　正

東洋大学京北幼稚園園長／元東洋大学京北高等学校校長

1. テーマへの接近

　学校経営で一番大切なものは「信頼関係」である。生徒を一個の大切なパーソンとして信頼し、教師自身が心を開いて接するところから教育は始まる。さらに、保護者・同僚・地域・社会との信頼関係があってこそ学校は存在する。

　生徒は、学校での人間的交わりを通して学び、自己表現する人になっていく。教師は「ことば」や「行動」「問題」のみに注目するのではなく、表情や姿勢、態度などによる非言語的表現にも耳をすまし、生徒自身の心の声にも耳を傾けていく。さらに、生徒を取り巻く環境、成育歴などにも心を配ることも大切になってくる。これらを意識し実践していくことを「カウンセリング・マインドを生かした教育実現」だと考え、論を進めたい。小稿は、生徒や教員に信頼関係構築のための「聴く」「話す」研修をする時、参考になるような具体的な実践論となっている。

2. 「主体的・対話的で深い学び」を応援する

(1) 主体的に行動できる力を見直す　〜「ヤッター貯金」の授業〜

　テストで悪い点数を取った生徒は、誰もが次回は挽回しようと決意する。しかし、実際、行動に移せる子どもは少ない。次の図にあるように、「意識が考えて、無意識が応援する時、人は行動できる」ものである。だとすれば、行動の邪魔をしているのは無意識に今まで蓄積されたネガテ

解説編　これからの時代に求められる高校経営９つの視点

ィブメッセージだと言える。やろうと思った時、「どうせ〜」「できるわけがない」「いつも言うだけ」「無理！」などという「ことば」が頭に浮かんで来て、行動の邪魔をする。多くの人が経験してきたことである。この魔のループから脱却するための授業の一つが「ヤッター貯金」である。

川合正『「動ける子」にする育て方』（晶文社）

　仕切り直しの時期（入学、卒業や学年進級時など）に、次のような手順で授業を進める。

①「ヤッター」と思えたことを３つ思い出しノートに書きだす。（自転車に乗れた、プールで25m泳げた、野球でヒットを打った、漢字テストで満点をとった等）

②その中の１つを具体的に思い出し、感動したことを隣の仲間にリアルに話す。

③今週「ヤッター」と思ったことを思い出す。（友達と仲直りした、先生に褒められた、お母さんの手伝いをして小遣いをもらった等）

④課題…今日からベッドに入って眠る前に、その日の「ヤッター」と思えたことを思い出し「いい１日だったなー」と思って眠りにつくこと。

⑤次の日「ヤッター貯金ノート」に、ヤッターと思ったことを記録しておく。

　以上のような簡単な授業だが、効果はてき面である。生徒たちは、「先生、どんどん貯金をしています」「今日は、こんな貯金ができました」などと報告してくれる。将来、失敗や挫折、限界に直面した時、この「貯金」を引き出し「私はヤレバデキル」と考え、逞しく乗り越えて行く力になることを願っての授業である。（教職員の研修でも利用可）

(2) 対話的授業構築の基礎　〜「人間レコーダー」で「聴く力」の確認を〜

　ミヒャエル・エンデの作品『モモ』の少女は不思議な力の持ち主であ

る。町の人たちはモモに話を聴いてもらうと、幸福な気持ちになって、自分で問題を解決するために動き出すというのだ。聴き上手のモモは別として「人の話を聴く」というのは、簡単なようで難しい。そのことを確認する「人間レコーダー」という演習を紹介してみよう。その手順は、次の通りである。（高学年や大学生、教員研修などが対象）

①２人組をつくりＡさん役とＢさん役を決める。

②Ａさんは、人間レコーダー。スイッチＯＮの合図でＢさんの話を正確にレコーディングする。

③Ｂさんは、Ａさんに１分間で自己紹介をする。相手は人間レコーダーなので、ゆっくり記憶しやすいように話す工夫をする。（話題は自己紹介以外でも可）

（役割を交替して２回やるので、何を話すか全員考えておく時間も設ける１分）

④近くの組の人と４人組になり「他己紹介」を始める。パートナーの自己紹介（又は別テーマ）を再生する。パートナーの後ろに立って、肩に手を添えて（チョイスも可）、パートナーの話したことに私情を交えずできるだけ正確に伝える。

⑤シェアリング（分かち合い）実践してみて難しかったことや感じたこと、人間レコーダーの特色などを話し合い、その後、各班から発表。

という流れの演習である。やることは単純であるが、気づきの多い研修（授業）となる。１分間が長い／数字や地名が覚えられない／興味あることにとらわれてしっかり聴けなかった／重要と判断したこと以外は省いて再生した／話された順番を変えてしまった／レコーダーなのに口を挟んでしまった／普段はしっかり聴いていないことに気づいた／真剣に聴いていたので疲れたなどの意見が出た。また、真剣に聞いてくれて嬉しかった／この人は信用できると感じた／私のことを話してくれた時「ほっこり」した温かい気持ちになった／私の言い足りないところを補ってくれた。などという感想も出ていた。（東京私学の初任者研修会、各地の教育委員会研修等参加者の感想から抜粋したものである。以下も同じ）

この「人間レコーダー」の演習は集中して自分の話を聞いてもらえる場を人工的に設定したものであったが、こんなに短い時間でも話を聞いてもらえる体験は、相手に好感を持ち信頼感さえ芽生えるものであることを実感できる演習である。

（3）信頼関係をつくる「聴く態度」の点検

　教師は忙しい。だから、うっかり生徒の心を傷つける態度を取っていることがあるかもしれない。下の表は、「聴く態度を確認する」という研修で配付した資料の一部である。

　２人組になって教師役と生徒役を決め、生徒役が「先生、相談があるのですが」と語りかけ、その後はアドリブで相談を続ける。先生役は、きき方①〜④の態度を演じて相談に乗るというロールプレイである。

きき方①：無関心　（切なくなるので）30秒
　相手を見ない／あくびをする／髪の毛や洋服をいじる／質問をしない／うなづかない　等
　※あくまでロールプレイです。相手を悪く思わないようにして下さい。実際は善い人です。

きき方②：傲慢　（頭にくるので）30秒
　相手を見下す／足や腕を組む／一方的な意見を言う／話を途中でさえぎる／えらそうにあいづちをうつ　等
　※あくまでロールプレイです。相手を悪く思わないようにしてください。実際は善い人です。

きき方③：自分なりのきき方　　1分
　自分ならばどう対応するか自由にやってみましょう。

きき方④　傾聴レベルⅠ　2分
　相手の目を見る（見つめすぎない）／あいづちをうつ／笑顔できく／確認する／「へーすごい」などと感心する／身を乗り出してきく等

　生徒たちは、先生の「聴く態度」に傷つくことがある。そして、この先生には相談できない、信用できないと見限ってしまう。これでは、教育の効果が上がるわけがない。このような先生と生徒のやり取りをロールプレイという形式で体験してみた。

　無関心な態度の先生に対しては「◇寂しかった　◇むかつく　◇もう相談に行かない　◇自分が迷惑をかけてしまったのかという気持ちになる　◇不安になる　◇切ない」、傲慢な態度の先生には「◇けんか腰になった　◇殴りたくなった　◇自分の意見が１個も言えなかった　◇席を蹴って立ちたかった　◇嫌な気分　◇泣きたくなった」などの意見が出

され、先生との信頼関係もズタズタである。実際にこんな態度をとるわけがないと思いがちである。しかし、日常ではかなりの頻度で生徒の心を傷つけている教師は多い。

　例えば、次の時間に漢字テストを返却しようと必死になって採点している時、「先生、相談があるのですが」と生徒が話しかけてきたら、無関心や傲慢な態度が出てしまうかもしれない。たった一度の失敗で、生徒の心が離れていくとすれば、しっかりと「傾聴の態度」を学んでおくことは大切である。

　「傾聴レベルⅠ」の体験では、「◇もっと話していたかった　◇時間が短い　◇良い人だと思った　◇また相談したい　◇よく聴いてもらえて嬉しかった」などの前向きの感想が多く出された。教師としては、是非訓練しておきたい「聴く態度」のスキルである。

（4）相手に必要なことを伝える技法　〜しずかちゃんに学ぶ〜

　「聴く」ということ以外に、教師には「話す」という場面も多い。また、生徒たちにも相手を傷つけない「話し方」を学んでおいてほしい。次の資料は中１や高１で私が取り入れていた「しずかちゃんに学ぶ（アサーション）」の授業で配付したプリントの一部である。

『ドラえもん』というマンガの登場人物で会話について考えてみましょう。みなさんが、もしジャイアンから次のように言われたら、どのような自己表現をしますか。

　　今日は、家でゆっくりしていようと思っていたところ、ジャイアンから次のようなことを言われました。あなたはどう答えますか。
　　「今から、いつものドカン広場で、俺の歌のリサイタルをするから、すぐに来いよな！」
　　あなたは、下の３つの表現では、どの表現に近いと思いますか。

３つの自己表現
　①非主張的（Non-Assertive）：引っ込み思案、卑屈、服従的、自己否定的
　②攻撃的（Aggressive）：強がり、尊大、支配的、他者否定的
　③アサーション（Assertion）：正直、率直、歩み寄り、自他尊重

　ジャイアンの歌は頭がクラクラして寝込んでしまうほどの悪声だという。また、一方的に断れば、後でひどい目にも遭いそうだ。

のび太…「ママと約束が…」「何、来ないのか殴るぞ」「うん、行くよ」

ジャイアン的…「行かないよ。お前の歌は聞きたくない」「何、俺の歌が
　　下手だとでも言うのか」「下手だよ」と言って喧嘩になる。

しずかちゃん…「あら、タケシさん誘ってくれてありがとう。でも、私
　　これからピアノのレッスンがあるの、また誘ってね」とドアを閉め
　　る。ジャイアンは気持ちよく帰る。

　生徒たちは、普段の自分の自己表現の仕方に気づき、しずかちゃんの
ような自己表現ならトラブルにならないことを学ぶ。

　このしずかちゃんの表現方法は「アサーション」と言われる話し方で、
日本女子大学 (当時) の平木典子教授がアメリカから持ち帰り、日本で広
められた技法である。平木先生の『改訂版　アサーション・トレーニン
グ』の本などを読んで「さわやかな≪自己表現≫」を学び、生徒たちに
伝え実践させていくことは、仲間たちとの信頼関係構築のためには重要
なことである。

3.　まとめにかえて〜生徒に寄り添い、支援できる教師を目指して〜

「生徒の悩み」の話を聴く時の具体的な流れの例を提示しておこう。

「学校に来るのがつらい」と生徒がポツンと言いました。

【共感・受容】「あら、学校に来るのがつらいのだね」
　　↓　　⇨「学校で数学なんか勉強しても意味ないじゃん」
【確　　認】「数学の勉強をしても意味ないから学校に来るのがつらいのかな」
　　↓　　⇨「それだけじゃないけど」
【追　　加】「それだけじゃないの、勉強以外にも何か原因があるの？」
　　↓　　⇨「うん、…。クラブも面白くないし。みんな僕の悪口を言うんだ」
【思考の共有】「そうだったのか。どうしたら良いのだろうね」

　うまく話が進んだように見えるが、実際の面談場面ではあちこちに迷
走することは、みなさんも経験済みだと思う。しかし、根気よく「共感」
から始まる対話を心掛け、一方的な命令や説教、尋問、脅迫、アドバイス
などにならないよう訓練を重ね、生徒たちに信頼され、未来に生きる子
どもたちを支援できる教師を一人でも多く育てて行きたいものである。

8

教頭・副校長との連携の在り方と人材育成

石崎規生

東京都立世田谷泉高等学校統括校長

1. テーマへの接近

　グローバル化や人工知能・AIなどの技術革新が急速に進み、予測困難なこれからの時代を生き抜くために、自ら課題を見つけ、自ら学び、自ら考え、自ら判断して行動し、よりよい社会や人生を切り拓いていく力を育成することが求められている。そのため、これからの学校には、社会と連携・協働しながら教育活動を充実させることがますます求められている。そうした中で、学校運営の中心的役割を担う副校長の職務は多岐にわたっており、多忙を極めている。2007（平成19）年10月に東京都公立学校の副校長・主幹（当時の職名で、現在は主幹教諭）を対象に実施した「副校長・主幹の職務等に関するアンケート調査」では、副校長として重点を置きたい職務について約9割の副校長が、「校長のパートナーとしての経営参画」をあげており、続いて「教職員の育成」が多くなっていた。この2点は、副校長の重要な職責であるとともに、副校長としてのやりがいや職の魅力となっていることがうかがえる。本稿では、この2つに焦点を当てながら、教頭・副校長との連携との在り方や人材育成の工夫について考えたい。

2. 教頭・副校長との連携の在り方

(1) パートナーシップの確立

　パートナーという言葉を辞書で調べると、「共同で仕事をする相手。

相棒。」などと記されている。米国などにおける経営上の「パートナーシップ」には、複数の個人または法人が共同で出資し、共同で事業を営む組織といった意味があり、法律事務所や会計事務所など専門的な職業の人がつくる会社によくみられる形態である。その特徴は、「パートナー」と呼ばれる責任者が２人以上で共同して事業を行い、その利益を分け合うところにあり、利益が出れば山分けする反面、損失が出た場合も「パートナー」の責任となる。「パートナー」は組織の経営に参加し、利益の配分を受ける権利を得るとともに、損失に対しても責任を負うわけで、「パートナー」とそれ以下の役職では、法律的にもまったく立場が異なっており、単なる相棒ではいられないのである。

　では、学校における、校長のパートナーとしての教頭・副校長はどのような立場であるのだろうか。学校が抱える課題を解決するためには、校長の方針に基づき、副校長が現場の状況を踏まえながら具申し、一体となって学校経営を行っていくことが不可欠である。しかし、実際には、校長のリーダーシップが強調されて、教頭・副校長の意見を聞かずに判断を下すなど、教頭・副校長の権限が行使されず、本来の役割が十分に発揮できていない状況もあるだろう。

　ところで、副校長と教頭の役割と権限は、それぞれどのようなものであろうか。学校教育法第37条には、「副校長は、校長を助け、命を受けて校務をつかさどる」、「教頭は、校長（副校長を置く小学校にあっては、校長及び副校長）を助け、校務を整理し、及び必要に応じ児童の教育をつかさどる。」とある。校長が「校務をつかさどる」もとで、副校長は「校長を助け、命を受けて校務をつかさどる」役割を担っており。教頭は「校長・副校長を助け、校務を整理する」ことになっている。副校長と教頭との大きな違いは、副校長が校長の命を受けて、副校長自身の権限で「決定する」ことができるのに対して、教頭はあくまで「整理する」役割を担っているのである。

　副校長は、主幹教諭や指導教諭とともに、平成19年６月に改正された

学校教育法で置くことができることになった新たな職で、設置者によって設置状況が異なっている。副校長と教頭の両方を置く場合もあり、その権限と役割はそれぞれ設置者によって定められているだろう。

　例として、東京都で副校長の決定権限とされている主な事項を見てみよう。東京都立学校事案決定規程では、教職員の服務に関することが概ね副校長の決定事項とされているほか、生徒に関する統計調査の報告や生徒に関する軽易な照会、生徒に係る事故を報告することなどは副校長の決定事項である。また、具体的なところでは、修学旅行、移動教室等宿泊を伴う行事や文化祭、体育祭等、マラソン大会、芸術鑑賞教室、合唱・球技大会、各学年行事等の計画を決定すること、さらに、教材の選定や届出（教科書の選定は校長決定）、教育実習生や介護等体験生の受入れや、部活動の連盟加盟及び大会参加や部活動の合宿の計画、進学・就職に係る推薦者の決定や奨学金受給生の推薦なども副校長の決定事項である。その他にも、学校保健計画、学校安全計画、学校美化計画、児童・生徒の健康診断の実施計画、避難訓練の実施計画、清掃指導計画などの決定や、学校要覧及び学校案内等の校外配布資料の作成及び配布、学校説明会の計画、生徒手帳や入学のしおりの作成、学校運営連絡協議会の開催、職員の健康診断の実施など広範囲に及んでいる。

　実際、校長室にあるこの事案決定規程の細目を、他県から来られた校長先生方がご覧になると驚かれることが多い。そして、「これを本当に副校長が全部できているのですか。」と聞かれることもある。

　たしかに、これらの事項が完全に副校長の専決事項として扱われているかというと、不十分な点があるかもしれない。最終的な責任は自分が全て負うため、副校長に完全に任せることができない校長や、自分が全責任を負う自信がなく校長に決定してほしいという副校長もいる。

　もちろん、最初から教頭・副校長にすべてを任せてもうまくいかないだろう。また、権限を委譲したからといって、校長は結果に対する責任から逃れられるわけでもない。

　まず、学校経営計画（方針）等に基づいて、校長と教頭・副校長の判断基準や目標を一致させておくことが大切である。その上で、副校長の経験や能力に応じて段階的に権限を委譲していく必要があるだろう。昇任直後の教頭・副校長や初めて経験する業務には指導や助言が必要になることが多い。ある程度任せられるようになれば、教頭・副校長が創意工夫を行いながら業務を行えるようになり、校長はチェックする役割を担えばすむ。最終的に、教頭・副校長が自分の考えで適切に判断・行動できるようになれば、信頼できるパートナー関係だと自信を持って言えるのではないか。

　設置者によって教頭・副校長の権限は異なっている。教頭・副校長への権限移譲は、校長の負担を軽減する意味合いもあるが、教頭・副校長が自らの権限と責任でイニシアティブを発揮し、新しいイノベーションを創造するチャンスでもある。そのことが、教頭・副校長の経営層としての意識とモチベーションを高め、信頼できる学校経営のパートナーシップを確立できるのではないだろうか。

(2) 教職員の人材育成

　「教育は人なり」といわれるように、学校教育の成否は、教員の資質能力に負うところが極めて大きい。ところが、団塊世代の大量退職を契機に、毎年多くの教員が定年退職を迎え、経験豊かで優秀な教員が教育現場から去る一方、教職経験の少ない若手教員が増加している。例えば東京都では、採用後10年以内の教員が全教員の４割以上を占めるに至っている。このことで、優れた指導技術や教育実践が十分に伝わらず、教育の質が低下してしまうことが危惧されている。そこで、優れた指導技術や教育実践を確実に継承させて、若手教員を育成していくことが学校現場における人材育成が喫緊の課題となっている。

　人材育成の手法には、実際の仕事を通して知識やスキルの習得を目指す OJT（On the Job Training）、集合研修等で実施する Off-JT（Off the Job Training）、自己啓発が中心となる SD（Self Development）に加えて、最近で

はオンラインを活用した e-Learning などもある。

　東京都を例にとると、職層、年次、教科や教育課題等に応じた研修が教職員研修センターで Off-JT として実施されている。最近では、服務に関する研修や ICT の活用等については、e-Learning が使用されることが多くなってきた。こうした研修は、研修の目的や種類に応じて有効な手法で行われているが、Off-JT や e-Learning は研修の内容や時間が限定されてしまうことが多く、やはり、人材育成の中心になるのは OJT だろう。

　OJT を有効に行うためにはまず、何を学ぶか、何をできるようになるかを問う目標が大切であると考える。東京都では、教員が身に付けるべき力として「学習指導力」「生活指導力・進路指導力」「外部との連携・折衝力」「学校運営力・組織貢献力」の４つを示しており、さらに職層ごとにそれぞれの力を具体化している。東京都 OJT ガイドラインの教諭の例を見ると、「学習指導力」は「授業をデザインすることができる。ねらいに沿って学習を進めることができる。生徒の興味・関心を引き出し、個に応じた指導ができる。主体的な学習を促すことができる。学習状況を適切に評価し、授業を進めることができる。授業を振り返り、改善できる。」、「生活指導力・進路指導力」は「生徒と良好な関係を構築することができる。生徒の思いを理解し、適切に指導できる。生徒の個性や能力の伸長並びに健全な心身及び社会性の育成を通して自己実現を図らせることができる。生活指導・進路指導上の課題を発見し、解決できる。」、「外部との連携・折衝力」は「課題に応じ保護者・地域・外部機関と連携をとり解決に向けて取り組むことができる。保護者・地域・外部機関との協働の下、自校の教育力の向上を図ることができる。学校からの情報発信や広報、保護者・地域・外部機関からの情報収集を適切に行うことができる。」、「学校運営力・組織貢献力」は「担当する校務において企画・立案することができる。上司や同僚とコミュニケーションをとりながら、円滑に校務を遂行できる。組織の一員として校務に積極的に

参画できる。校務の問題点を把握、改善できる。」とある。

　こうした目標が決まれば、次に人材育成の有効な手法としてスキルマップの作成を紹介したい。スキルマップとは、身に付けるべき力を個人ごとに一覧表にしたものである。筆者の経験で恐縮だが、校内の教職経験２校目の若手教員を対象に、副校長を中心とした校内研修プログラムを実践し、そこでスキルマップを活用したことがある。スキルマップの作成にあたっては、自校の目標や生徒の実態を加味し、「時間割が作成できる、教科書の選定業務ができる、入学選抜の担当ができる、…」といったような日常の業務から、より具体的なスキルを加えていった。副校長は、校務分掌組織の主任を務める主幹教諭を集めてスキルマップを作成し、OJT を推進した。すると、その過程で次第に学校運営に大きな変化が見えてきた。スキルマップを作成することは、学校の業務全般や教員のすべきことを全て洗い出すことに他ならない。その中で様々な課題や克服すべきことが浮き彫りになり、それらを見直す契機となったのだ。さらに、副校長や主幹教諭間の意見交換が活性化し、縦割りになりがちだった学校運営の横の糸が見られるようになってきた。あとは放っておいても OJT は勝手に進んでいった。「教えることは学ぶこと」というが、OJT を通して成長したのは若手教員だけでなく、実は教える側の副校長の成長が大きかったと感じている。

3. 終わりに

　校長であっても、もちろん万能ではない。誰もが強みと弱みをもっている。筆者自身が副校長のとき、当時の校長から「副校長は、部下ではなくて、パートナーだよ」と言われた言葉を今でも記憶している。校長が教頭・副校長の強みを取り入れ、自身の弱みを強化していくことがいかに大切であるかをそのとき学ぶことができたことが、今の学校経営にも活かされていると思っている。

9 中学校から見た高校教育改革

野口弘之

横浜市教育委員会教育課程推進室 首席指導主事／前横浜市立西谷中学校校長

1. テーマへの接近

　中学校においては、令和3年度に新学習指導要領が全面実施となるため、高校に先行して「教育改革」が進められている。「社会に開かれた教育課程」、「カリキュラム・マネジメント」、「主体的・対話的で深い学び」といったキーワードとともに、コンテンツからコンピテンシーへという、学びの質的転換が求められているが、今回の学習指導要領改訂による「教育改革」の核心は、やはり高校教育の改革である。そこで、本稿では、中学校教育の現状や中学校におけるカリキュラム・マネジメントの実際を確認しながら、高校入試や選抜制度といった中高の「接点」ではなく、中高の接続、連携の取組などを「視点」として、魅力ある高校づくりや高校教育改革についてのヒントを得ていきたいと考える。

2. 中学校教育の現状と中高連携の実際

(1) 中学校教育の現状とカリキュラム・マネジメント

①学習指導

　中学校では、令和3年度から新学習指導要領が全面実施となるため、現在、各学校では教育課程の編成に取り組んでいる。と同時に、すでに今回の改訂の要点である、「主体的・対話的で深い学び」を視点とした授業改善に取り組み始めている。言うまでもなく、カリキュラム・マネジメントとは、学校教育目標を実現するために、組織的・計画的に教育課

56

程を編成・実施・評価・改善する営みであり、各教科等において、生徒が資質・能力を身に付けることができるよう、授業改善を図るための重要な視点が、「主体的・対話的で深い学び」である。

　実際には、学習の目標やねらいを明確にして、生徒自身に学習の見通しや、その教科等への興味や関心をもたせ、生徒同士の意見交換や議論により新たな考え方に気が付いたり、自分自身の考えを深めたりすることができるような授業を工夫している。また、今までに身に付けた資質・能力を活用して問題を発見し、解決に向けて取り組むことや、探究的な学習過程を工夫した授業も多く見られるようになってきた。これまでの知識の伝達に終始するような授業からの転換が図られ、授業形態や言語活動の工夫なども多く見られるようになってきている。今後は、全ての教科において整理された３観点に基づいた学習評価について理解を深め、新学習指導要領の全面実施に備えていくことになる。

②生徒指導

　ところで、昨今の中学校現場では、全国的には、暴力行為や器物破損などは減少傾向にあり、いわゆる「荒れた」状況はあまり見られなくなった感があるが、一方で、いじめ、不登校、希死念慮、自殺企図、虐待、SNS等を媒介としたトラブルが増加している現状もある。また、そうした課題を解決する過程において保護者対応に追われる学校も多い。そのような中、課題解決に向けて、学校以外の関係機関等との連携や学校自体に教員以外の専門性を持った職員が配置されるなどの人的な環境も整備されつつある。例えば、スクール・カウンセラーやSSWが勤務することにより、医療機関や区役所、児童相談所等の関係機関と円滑に連携を図りながら、教員とともに課題解決を図る例が増加してきている。スクール・カウンセラーやSSWは、教員と協働して生徒指導上の課題解決を図っているが、それは同時に、今までの教員の生徒指導上の業務の負担軽減や教員の指導力向上につながっている。

　一方で、青少年の健全育成、非行の未然防止の観点から、学校と警察

の連携も進んでいる。横浜市では、各区に学校警察連絡協議会を設置し、学校が警察や教育委員会、区役所等と連携しながら、情報の共有や対応を行っている。また、小学校、中学校、高等学校（公立、私立とも）の校種間でも情報共有を図りながら、児童生徒の健全育成に取り組んでいる。因みに、横浜市では、小中学校、義務教育学校のすべての学校に、児童生徒指導を専門に担当する専任教諭を配置している。

③進路指導（キャリア教育）

　中学校では、キャリア教育の中に進路指導が位置付けられていることが多い。例えば、1年次に職業に関する調べ学習や職業講話、2年次に職場体験を実施している。地域の事業所を中心に、公共機関や幼稚園・保育園、小学校等にもご協力いただきながら、体験や経験を基にして自分自身の職業観を形成し、3年次には、卒業後の具体的な進路を検討し、選択していくこととなる。

　ところで、新学習指導要領では、学ぶことと自己の将来とのつながりを見通しながら、社会的・職業的自立に向けて、必要な基盤となる資質・能力を身に付けていくことができるよう、特別活動を要としつつ、各教科等の特質に応じて、キャリア教育の充実を図ることとされており、その中では、「キャリア・パスポート」の活用が示されている。

　「キャリア・パスポート」は、小学校から高校まで、校種間をつなぎ、キャリア教育に関わる諸活動について、自らの学習状況やキャリア形成を見通したり振り返ったりしながら、自身の変容や成長を自己評価できるよう工夫されたポートフォリオである。横浜市でも全児童生徒にルーパーファイルを配付し、作成することにしている。そのファイルは、学年間で確実に引き継ぎ、小中学校間では、児童生徒や学校、地域の状況に応じて、引き継ぐことになる。また、高校に進学する際には、生徒自身が引き継ぐようになる。今後は、「キャリア・パスポート」をツールとして、中高間で生徒のキャリア形成について共通理解を図り、12年間を見通した、よりよいキャリア教育の充実を図ることが求められるだろう。

④小中連携の定着

　横浜市では、平成21年度から、全ての小中学校において義務教育９年間の連続性のある教育を目指し、小中一貫教育を実施している。小中学校の教職員が協働して、児童生徒指導の充実を図るとともに、小中一貫教育推進ブロックを形成し、合同で授業研究会を実施するなどして、学力の向上を図ってきた。小中合同の授業研究会では、ブロックの状況に応じて、高校の教員が参加し、小学校や中学校での授業を参観しその後の研究協議会では教科指導や教材研究、児童生徒指導等について意見交換している。

　一方、小中連携では、学校行事や部活動等を通した児童生徒の交流、地域と連携した合同の防災訓練や、校種を越えて授業を行う出前授業等、様々な取組を行い、いわゆる中１ギャップの軽減や、連続性のある児童生徒指導の充実を図るなどの成果が出ている。教職員間でも小中ブロックの意識が高まり、相互の教育活動に生かされている。

(2) 神奈川県における中高連携

①進路指導に関わる連携

　神奈川県では、全ての公立高等学校長会、中学校長会が参加して、進路指導中・高連絡協議会を設置し、県教委が地区ごとに、前年度の入学者選抜の結果や本年度の実施、また、公立高校の取組や高校改革等について、年に２回説明会を実施している。さらに、横浜市においては、横浜市進路担当中・高校長連絡会議を設置し、中高の校長間で、選抜制度に関わる課題や進路指導に関する情報交換を行い、連携を図っている。

　実際には、それぞれの校種の進路担当の校長で構成され、年に４回程度会議を開催し、進路指導に関わる情報交換や申し合わせ事項の確認、学校説明会等の検討を行い、進路指導や進路事務が円滑に適正に実施されるように取り組んでいる。中高の校長が、直接、情報交換することにより、それぞれの校種における生徒の様子や中学生の進路希望の状況、進路事務や入学者選抜制度等に関わる課題の解決が図られている。

②コミュニティ・スクール等による連携

　神奈川県では、令和元年度より、全ての県立高校と中等教育学校にコミュニティ・スクール（学校運営協議会制度）を導入した。これは、保護者や地域の方などが、学校運営に参画できる仕組みであり、生徒たちを取り巻く環境や抱える課題が複雑化・困難化する中、学校と地域の連携・協働の重要性が示されたものである。学校と地域が協働して生徒たちを支える学校づくりを進めることが求められている。委員の構成は、保護者や地域の人々、学識経験者などから教育委員会が任命しているが、筆者自身も、地域にある県立高校のコミュニティ・スクールの運営委員の一人として名を連ねている。年に数回、高校を訪問し、授業等の活動を参観したり、学校側の説明を聞いたりしながら、より良い学校について意見交換している。立場は、地域の学識経験者ではあるが、同じように学校経営に携わっている者として、具体的に意見交換し、中高の連携について協議することもできるので、有意義な会議となっている。

3. 高校教育への期待（魅力ある高校づくりに向けて）

（1）地域を大切にする学校

　神奈川県においては、全県が学区であり、生徒は県内各地から広範囲から通うため、居住地も様々ではある。しかしながら、通学における交通機関や通学時間等の条件から、やはり高校の所在地周辺から通学する生徒が多いのが実態である。そのような中、地域との関係を深め、地域の教育資源を生かしながら、地域に根差した教育活動を展開している学校もある。例えば、高齢化が進む地域では、地域行事を行うための会場づくりにボランティアとして高校生が参加したり、キャリア教育や自己有用感を高める教育活動の一環として、学校周辺の商店街において職場体験等を実施し、商店街の活性化に役立っている事例もある。このように、学校自体を地域に開き、地域の教育資源も活用しながら、学校としての魅力を高めていく工夫が考えられる。

(2) 中学校との交流

　中学校の進路指導においては、前述したように、高校との連携が欠かせない。中学校の生徒は、特に３年次に進級し、公立高校、私立高校、それぞれの合同説明会や学校ごとの説明会、文化祭などの行事等、様々な機会に高校を訪問し、自分自身に合った学校を選択していくが、場合に応じて高校の先生方に中学校に来校いただき、３年生に直接、説明していただいている例も多い。実際に、高校の先生方に説明いただくので、中学生は、先生方の話に真剣に耳を傾けている。

　また、中高の交流では、部活動における交流が盛んである。主に同じ種目の顧問教員のつながりや各協会のつながり等から、盛んに交流している部活動もある。また、学校が近接している場合には、専門的な指導を共有するなど、連携した取組の工夫もある。

　一方で、教員間の交流もある。例えば、高等学校の初任者が異校種間の研修で中学校を訪問し、中学校の授業や教育活動への理解を深める研修を実施している例もある。生徒間、教員間での交流を活発にし、連携を深めることにより、高校の魅力を更に高めることもできると考える。

(3) 学び直し

　中学校における進路指導では、生徒に様々な情報を提供し、生徒本人や保護者が適切に進路選択できるようにしている。その中で、昨今は、高校進学後に、いわゆる「学び直し」を希望する生徒や保護者が増加している。そのため、高校入学後に、授業その他の活動において、「学び直し」ができることを特長の一つとして掲げている学校もある。生徒が、高校への進学を機に、今までの自分自身の学びを振り返り、心機一転、学習面で成長できる取組として、大切な工夫であり、高校の魅力の一つであると考える。

　以上のように、高校の魅力を高めるために、様々な「つながり」、特に、中学校の生徒や教員、地域、保護者といった身近な「つながり」を大切にした魅力ある高校づくりにおおいに期待している。

実践編

これからの時代に求められる
高校経営15の実践

少子化・人口流出など
地域の課題解決に向けた学校改革
～地域との協働による教育改革推進事業～

柿﨑則夫

山形県立新庄北高等学校校長

1. 学校概要

　新庄北高等学校は、山形県の北部、新庄市と最上郡を中心とした最北地区の中核校として、旧制中学校以来120年の伝統をもつ高校である。定時制（夜間）と、約30キロ東方に普通科1クラスの分校最上校が設置されている。創立以来、多くの人材を世に送ってきた。現在5クラス200名の定員であるが、ここ数年は定員を割る年が多い。県教委の高校再編整備計画によって、令和8年度に本校と旧制女学校を前身とした新庄南高校が統合し、5～6クラスの新高校が設置される予定になっている。

2. 「地域との協働による高校改革推進事業」の取組

（1）本校の課題

　本校に進学してくる生徒の大半は新庄市と最上郡の中学校の出身である。この地域の中学校卒業生は平成16年には1,187人いたが、令和2年度には690人台となる見込みで、急速な人口減少が進んでいる。また、成績上位の生徒を中心に約60キロ南の学区が同じ山形市内の公立高校に進学したり、周辺の私立高校へ進学する生徒も多く、本校や市内の高校へ入学する生徒は減少している。

　本校は、地域の伝統ある進学校として実績を重ねてきたが、上位層の薄さや、倍率が稼げないことからくる学力の幅の拡大など、一時期の実績は挙げられていないというのが実情である。

(2) 課題解決のための学校経営上の方策

①普通科探究コースの設置

　平成30年度から、山形県教育委員会は、県内の探究学習の推進・普及を図るべく、県内3校に探究科、3校に普通科探究コースを設置した。本校にも1クラス40人定員の普通科探究コースが設置された。

②「地域との協働による高校教育改革推進事業」への応募

　平成29年度に、山形県最上総合支庁が「ジモト大学」という事業（詳しくは後述）を創設し、本校生徒も多数参加するようになった。県教委が主催する「探究型学習発表会」にも参加するようになり、本校の校内分掌である探究推進課の精力的な取組もあって探究学習への志向を強めていた。そこに文部科学省から地域との協働の事業が打ち出され、本校も学校と地域の活性化を期待し「新庄・最上LINKプロジェクト」として企画・応募し、地域魅力型として採用された。

③「新庄・最上LINKプロジェクト」の実践

〈事業に至るまでの経緯〉

　本校がある新庄・最上地域には、大学・短期大学がないため、上級学校に進学する生徒は地域外に出る。4年制大学に進学した生徒が、この地域に戻る割合は2割弱であり、本校が地域の人口流出を加速させているのではという声もあった。

　このような反省のもと、高校生のうちに地元や地域について学ぶ機会をもたせ、地域活力の向上に貢献できる人材を育成しようと、平成26年度に進路指導課が中心となって始めたのが、「地域理解プログラム」であった。学校独自に意欲的な取組をおこなってきたが、文科省の地域との協働事業へ応募するにあたって、この取組とジモト大学への取組を核に「新庄・最上LINKプロジェクト」を企画した。

〈取組の概要〉

（ア）地域理解プログラム

　「地域理解プログラム」は、前述のように、すでに本校で取り組んでき

た活動で、1年次の総合的な探究の時間で実施している。探究スキルの習得をめざし、プレゼンテーションやKJ法、ディベートなどからはじめて、2学期以降に「地域の可能性」に注目した探究活動を行っている。今年度は10月下旬に地域の企業・団体の方々30数名に来校をいただき、生徒が考える地域活性化策について、トークフォークダンス形式（津和野高校の取組をアレンジ）により、地域人としての意見とアドバイスをいただいた。さらに、1月に成果発表会を行った。理系的実証・証明プロセスが弱いという指摘もあるが、1年生にしては素晴らしいという評価も受けている。

（イ）地域理解発展研究

「地域理解発展研究」は2年次の総合的な学習の時間に実施、地域理解プログラムの研究成果を踏まて、地域課題の解決策を提案する活動である。5月9月10月に校外でのフィールドワークの時間を設定し、生徒は地域や行政機関、施設などへの訪問、調査などを行う。また、関係機関や有識者を学校に招いてプレゼンテーションを行うなど、レベルの高い探究活動を志向している。

（ウ）ジモト大学

ジモト大学は、行政、地域住民、高校からなるコンソーシアムの協力によって実施される新庄・最上地域独自の学びのプログラムである。「地域産業を支える人材の育成・確保」の視点から、高校生が地域課題を体験できる講座を、県や各市町村等が企画している。本校の1年生は、7～11月に1講座以上に参加することとしており、パンフレットに掲載された講座から興味・関心を持った講座を選んで生徒各自で申し込みを行う。

令和元年度からはLINKプロジェクトの予算を活用し、地元企業に「ジモト大学Webシステム」を開発してもらった。生徒はパソコンやスマートフォンから講座内容の確認、申し込み、講座担当者との連絡を行うことができる。さらに、振り返り活動もシステムを通してできるよう

になり、即時性や内容の深まりなどが評価されている。生徒の入力情報は教員も確認でき、取組状況や成長を把握する上で非常に役立っている。現在は、振り返りの内容をe-ポートフォリオとして活用できるようシステムの改良を図っている。

（エ）学校設定科目「ふるさと探究」

生徒だけでなく教員も地域についての知識が不足していることが課題として挙げられることも多く、その状況の改善も含めて学校設定科目として開設したのが「ふるさと探究」である。これは1単位の授業を、各教科で4～8時間担当し、地域を題材とした授業を行うものである。「ふるさと探究指数（FT指数）」を設定し、0＜FT指数＜100として地域題材を活用する場面を確保している。いわゆる地域学でなく、普通教科の中にいかに地域題材を落とし込むことができるかを試行することで、新学習指導要領の趣旨を先取りした授業展開を目指し、教科横断的な授業展開も予定している。

（オ）「Myエリア・ラーニング」

新庄市は、300年の伝統を持つ新庄まつりで知られている。この祭は町内の若連を中心に実施されるが、少子化等により、近年は高校生の参画を期待されることも多く、本校生も活動にかかわることが増えた。新庄まつりは、新庄市民にとってはアイデンティティとでもいうべき行事であり、それへのかかわりは地域との協働にとっては重要な資源である。この他にも、本校生徒がかかわっている地域活動は「ジモト大学」も含めて多彩であることから、これらを評価して、より積極的な取組がなされるよう、学校外における学修として単位認定することとした。これが「Myエリア・ラーニング」で学校設定科目として教育課程上に位置づけている。

（カ）地域探究部の設置

4月に生徒の部活動として地域探究部（通称チタン）が新設された。少人数ながら、より高度で意欲的な探究活動を行っている。

（キ）ジモト大学フォーラム

２月に地区内の高校がプレゼンテーションを行い、高校生がファシリテーター（東北芸術工科大学の岡崎エミ准教授からの研修を受けた生徒たち）となり、地域の方々と、地域の未来に係るワークショップを開催した。

3．導入のためのポイント

（1）地域の中核としてのレベルの維持・拡大

本校は進学校で、卒業生は地域の指導的人材として活躍している。伝統校、中核校としてのレベルを維持するには、やはり大学入試の実績を作ることが必要となる。当事業に応募するにあたっては、当然、大学入試への好影響も企図した。「SSH の文系版」という見方もあり、運営にあたっては、受験との相関も考慮に入れてきた。今年度卒業学年は、推薦や AO 入試に積極的に挑戦し高い合格率をものにした。

地域に有為な人材育成という点も、中核校としては大切な役割である。当地域の学校教員や公務員には本校卒業生が多く活躍しているが、最近では、ＩターンやＪターンの学生に地元出身の学生が「勝てなく」なってきたという話も聞かれるようになった。

高校は「いい大学」にどれだけ合格させたかで評価され、受験校ではその実績を獲得するため膨大な労力を投入してきた。しかし、教育改革という点では高校の一歩も二歩も先を行っている大学に、単に人材を送るだけでいいのだろうか。大学で主体的に学び、活躍できる人材を高校で育てなければならない時代なのだろう。大学での学びをリードできる学生を本校から多く送り出すことが、新たな実績として評価されることになっていくだろう。そしてこの対応は、大卒時点で「負けない大学生」を地元に送り出す「遠略」ともなりうるものといえるだろう。

かつてのように、「多くを犠牲にして大学合格を目指す高校」だけでは、評価されなくなってきている。運動会や文化祭などこれまで受験のためと縮小してきた学校行事も充実に向けて見直す時期に来ているのか

もしれない。本校は、「地域との協働」という武器を手にしたと言ってよく、この武器の力をより鮮明にしていく必要があると考えている。

(2) 地域全体のレベルアップによるフィードバックを期待

　令和元年度、文科省の事業に指定され、マスコミに取り上げられることも多くなった本校であるが、大幅な定員割れとなった。中学校からは「新北が近い存在でない」という声もある。中学生に対して十分に魅力的な取組とは映っていない、アピールが足りないという反省がある。

　この活動により本校が魅力的になれば、新北に入学したいという強い思いをもつ中学生が増える。その中学生たちは新北に入るために勉強も努力するようになるのではないか。まず、子どもたちのレベルを上げたい。

　先日、当事業で大変お世話になっている東北芸工大の岡崎先生が、「若者定着の一番のネガティブキャンペーンを行っているのは親、その次が地域住民」という話をされた。親も住民も「地元には何もない」などと本当は言いたくないに違いない。高校生が地域と一緒に何かをやるということは、地域の大人のやる気や帰属意識をも刺激しうる。大人が変わることで、ポジティブな流れができれば、地域全体のレベルは上がるに違いなく、地元出身の若者の活躍の可能性も拡大するだろう。

　本校は、受験校という特徴をもつ普通科高校である。このような高校ができる「地域との協働」の学びのかたちとはどのようなものなのだろう。やはり、大学の学びとの関係ということを抜きには語れない。また、自らが何かを作らなくとも、地域の人たち（小中学生も含めて）との語らいや学びをプロデュースする、活動を引き出すきっかけを作る、そうした探究の学びというものも、普通科の強みとして活かされていくべきだろうと考えている。

　いま、さまざまなところで価値観の変容が起きている。地方にとってはチャンスである。新北生の学びへの挑戦が、地域全体の向上心を刺激し、地元への人の流れを作ってほしいと切に願う。

諸課題を乗り越え
自他肯定感を育む指導
〜「引き出す教育」で生徒の無限の可能性を開花させる〜

藤田克昌

前愛媛県立今治南高等学校校長

1. はじめに

　「校長先生の『無限の可能性を信じ、引き出そう』という言葉は、私たちに何事にも挑戦する力を与えてくれる魔法の言葉でした」「美点を発見する活動で自分にはこんなにもいいところがあるのだと気づき、自信になり、部活動でも役に立ちました」「自分が気づいていない美点を知ることができました。内気な性格も前向きな性格へと変わり、自己肯定感が高まりました。また、友だちのことがさらに好きになりました」「新しい自分が見つかりました。本校に入学して良かったです」……

　私は平成29年度・30年度、愛媛県立今治南高等学校長として在職し、「教える教育」から「引き出す教育」への転換を図った結果、生徒（や教職員）の「無限の可能性」を開発し、自己や他者への肯定感を高めることに少なからず貢献することができたと思う。そして、結果として文武両面で顕著な成果を上げることができた。私の手元には生徒や先生方の体験談が積み上げられているが、文武両面の成果とともに、その体験談が実践の成果の証明となっている。（詳細は後段）

　日本人の、特に**若者の自己肯定感の低さ**が長年指摘されてきた。「高校生の心と体の健康に関する意識調査報告書（平成30年3月）」によると「私は価値のある人間だと思う」に「そうだ」「まあそうだ」と答えた高校生がわずか44.9％であり、半数にも満たない。確かに、日本人特有の謙虚さなどの要因も考えられるが、自分に自信が持てない若者が多いと

いうことは事実であり、良好な状況とは言えない。

　また現在、「うつ」「いじめ」「不登校」「引きこもり」「自殺」など、自己及び他者への肯定感の低さがもたらす諸問題が顕在化・深刻化している。文科省は新学習指導要領の中で、道徳教育については「考え、議論する道徳」への質的転換を図り、学校の教育活動全体を通じて行うこと等としている。現在既に、多くの取組がなされているが、全体的なイメージや有効な手段が広く共有されているわけではない。

　私は本校の課題も踏まえ、「自己肯定感」と「他者肯定感」（以下、併せて「自他肯定感」）の向上を本校教育の柱の一つとすることとした。

　私は**「自他肯定感」の向上へのヒント**を以下のことから得た。

　一つ目は、実体験からである。私自身、自分を深く見つめ直した結果、「自分本来の素晴らしさ」「本当の自分」に気づくことができた。そして、「『自分自身を知る』ことが全てを解決するカギだ」ということを知った。その瞬間から自己肯定感は大いに高まり、周りへの見方も周りの状況も「愛と感謝」に満たされたものへと変わっていった。

　二つ目は研修である。私は、「いじめ解消」についてのある小学校教諭による研修に参加した。「いじめはだめだ」と指導するだけではなく、自分や、自分を（が）いじめている児童の美点を書き出すという作業を継続的にさせたところ、児童の心の曇りが消え、いじめもなくなり、クラスが「一つ」になったという講話であった。この教諭の話を聞いた大手企業の代表取締役社長が、社員の美点を書き出すことを行ったところ、社内の空気が大いに改善され、収益も急激に伸びたとのことであった。

2. 学校概要

　県立今治南高等学校は創立93年（平成30年現在）を誇る伝統校（普通科・農業科）である。全国に誇れる木造校舎、札幌農学校の時計台を模して設置された時計塔がある。校訓「鍛」（きたえる）の精神を継承する、活力のある学校であり、人格の向上を目指し、文武の諸活動に励んできた。生徒は素直

71

で、挨拶も素晴らしい。自己肯定感や自主性・自律性がさらに高まれば、将来が非常に楽しみな生徒たちである。

3. 本校の課題及び課題解決のための学校経営上の方略

　部活動が盛んで活力のある本校であるが、入学時のアンケート等から、自己肯定感に課題のある生徒も入学している現状が分かった。そこで教育の本質に立ち返り、「素晴らしい資質・能力、本当の自分を最大限に引き出す教育」を行うことで、本校生の自他肯定感を向上させる取組を行うこととした。また、その方法として、自他の素晴らしいところに心の焦点を当てる**美点発見**を取り入れることとした。また、英語への苦手意識を持っている生徒が多いことから、外部講師を招くなどして4技能の向上を目指すことにした。特に、以下のことに留意した。

○学校全体で「引き出す教育」「アウトプット教育」について意識合わせを行う。「ほめる」という行為ではなく、**「自分や相手の素晴らしさを認める心と目を養うこと」**が重要であることを確認する。

○学校全体の教育活動の中に位置づけるようにする。人権・同和教育課、教育相談課等が主導して自他肯定感を高める活動を行う。また、学年、クラス、教科、部活動等においても適宜指導を行う。英語の授業では4技能の充実を通して自他肯定感の向上に努める。

1　実践研究の具体的方法例

(1) 生徒や教職員との意識合わせ

　常に「全ての人間には素晴らしいものが内在している」という前提でものを考えるよう呼びかけた。私は式辞や挨拶の中で、必ず生徒たちが本来持っている素晴らしさや美点を認め、賞賛する言葉等を盛り込んだ。(例「無限の可能性を信じる」「本当の自分を引き出す」「『できる』・『本校（自分）は素晴らしい』を前提に考える」「今南は一つ」)

(感想)「校長先生のお話はいろいろなことが学べて元気が出ます。すごく学校が良くなっているのが分かります」

(2) 美点を発見するペアワーク

　私は平成29年度２学期と平成30年度１・２学期の終業式の前、全校生徒（約700名）をペアにして、「今学期頑張ったこと」を相手に伝え、相手は「その中の美点」を返し、その後感想をシェアするとい

うワークを行った。10分足らずの活動ではあったが、生徒の目の輝きが増し、空気がより温かくなった。その後の生徒の様子を見ても、変容は顕著であり、持続的であった。

（感想）「このような活動は初めてで、新鮮だった。本当に幸せな時間だった」「今までは過去のことばかり考えていた。今後は未来を見据えて今を生きるようにしたい」「今回の活動は自分のことも、相手のことも高めることができます。これからも続けていってほしいです」

(3) 人権・同和教育課、教育相談課、学年等における取組

　人権・同和教育では、いじめ等の防止等に効果があった。課題があった生徒も、本当の自分を知ることで立ち直っていく。自分や友人、親、過去の体験への見方が変わることで人間関係の改善が見られた。また、全校・学年集会やHR活動、部活動等でも行い、大きな変容が見られた。自尊感情と共に、親や周囲に対する真の「感謝」の念が育っている。

(4) 教科指導での取組と「音読塾」

　特に、英語の授業の中で、英語で相手を讃え、どう感じたかを日本語でシェアをするなどのペア活動を取り入れた。教材は『"スピーキング"のための音読総演習』（桐原書店）である。「日本語では言えないことも英語なら伝えやすく、とても楽しく、うれしかった」という意見も多かった。なお、著者の横山カズ先生（同時通訳者）には本校での講演と授業を通して、ご貢献いただいた。また、事前学習のため、私が講師となって

事前学習会や「音読塾」を開催した。

（5）職場の環境改善への取組及びカウンセリング

　現在、心身の疲労がたまりストレスを抱える教職員は少なくない。私は教職員にも美点発見による支援を行っている。例を二つ挙げる。

　一つ目は仕事への取組や人間関係が変わった例である。

　「自分の美点（100項目）を書き出してみると自分や周りの全てが素晴らしいと思えてきて、感謝の気持ちで一杯になりました。全ての人に感謝し、そして幸せになってほしいと願うようになってきました。今までとは仕事の考え方、生徒への接し方が確実に変わったと思います」

　二つ目は人間関係が改善し、教員としての自信を取り戻した例である。

　ある若手教員から、「ある生徒の授業態度」についての相談があった。私が「その生徒を『すばらしい生徒』だという前提でものを考え、美点を発見する」よう伝えたところ、「その生徒が見違えるほど真剣な態度で授業に取り組むようになり、進路の相談にも来てくれました」と笑顔で報告してくれた。「それまで『自分は教員に向いていないのではないか』と落ち込んでいました。しかし、その後は愛情を持って接することができ、自然と生徒たちも集まるようになってきました。今では生徒たちに元気づけられて、楽しく仕事ができています」と述べている。

　現在、「働き方改革」が叫ばれているが、疲労の原因は時間の長さだけではない。人間関係等から生じる心的要因も大きい。教職員が、自己肯定感を高めるとともに、生徒や教職員と「愛の心」を持ってコミュニケーションをとることができれば、職場環境も改善することは確かである。

2　部活動や学習における顕著な成果

　本校は、近年特に、先生方のご尽力のお陰で、文武両面で大きな成果を上げている。運動部の活躍を例に挙げると、平成29年度の「愛顔（えがお）つなぐえひめ国体」ではボート競技が優勝・準優勝・入賞、ボウリング競技が団体・個人で準優勝、平成30年度の国体でも、ボート競技が優勝・準優勝・入賞、弓道競技が近的・遠的で優勝に輝いている。平成30年度に

は、県総体において、団体競技の４チームが優勝・準優勝に輝いた。四国総体の出場者数は57名となり、過去４年間平均の２倍以上となっている。そして団体で優勝２、準優勝１という好成績を収めた。全国総体でもボート競技（団体）で準優勝に輝いている。さらに、平成30年春に卒業した生徒が、アジアジュニアボート選手権に日本代表として出場し、金メダルを獲得するなど目覚ましい成果を上げている。また、学習の面でも、英検２級の合格者数が大幅な伸びを見せるなど、様々な成果が出ている。「無限の可能性を信じ、『できる』を前提に考えたのがよかった」と多くの生徒たちは語っている。

4．まとめ

　この実践のアプローチの主体は「教員」ではなく、あくまでも「生徒本来の無限の可能性」である。生徒を「欠けた存在」として認識して、その欠けた部分を補おうとするのではなく、「生徒は素晴らしい存在であること」を前提としてとらえ、「生徒本来の素晴らしさ」を美点発見によって「引き出す教育」に取り組んだのである。また、生徒の「課題」は気づきをもたらす「宝」であると考えた。現在、生徒は明るく意欲的である。また、学校が「一つ」となって様々なことに取り組み、顕著な成果を上げている。「自他肯定感を育む指導」「愛と感謝の学校経営」で感じたことは、**「『引き出す教育』には限界がない」**ということであった。

　今最も感じることは、「心」に焦点を当てる教育が大切だということである。日本人は自他を認める機会が少なく、自己を否定して「うつ」「不登校」「引きこもり」等になったり、他者の良いところが見えず「いじめ」たりしてしまう例も多い。これからの教育は、どの学校でも知識を教えるインプット教育から、自他の良いところ・本当の自分を引き出すアウトプット教育へと向かうべきだと考える。

　この「引き出す教育」の実践が、今後の教育を考える際の何らかのヒントになれば幸いである。

これからの生活指導を創り出す
～「合理的排除」から「合理的配慮」へ～

磯村元信

東京都立八王子拓真高等学校校長

1. 学校概要

　本校は昼夜間３部制に不登校のチャレンジ枠を併設した東京都で唯一の単位制・定時制高校である。近年、中途退学者や不登校の生徒が急増している。その背景として発達障害や外国にルーツがあるなど多様な課題を抱えた生徒が増える一方、高校の組織文化に根付く「合理的排除」が強く働いていると考えられる。貧困の拡大と共に家庭の教育力が低下する中、これからの高校には「合理的配慮」に基づく新たな生活指導が求められている。そのためには高校の教員の意識改革を含めた特別支援教育の普及・啓蒙が不可欠であり、以下に、その基本的な考え方と前任校（都立秋留台高校）及び現任校における実践を紹介する。

2. 「合理的排除」から「合理的配慮」へ

（1）本校の課題

　2008（平成20）年度に前任校の秋留台高校（学び直しのエンカレッジスクール）に着任した当時、年間の中途退学者は60名を超えていた。2019（令和元）年度に現任校に着任した時も、年間の中途退学者は100名を超え、不登校の生徒も200名に達していた。共通の根本的な課題は、生徒層の変化に対して、校内規定や教員の意識が大きく乖離していることである。

　例えば、秋留台高校では、問題行動が多発することから、学校の秩序を守るという理由で問題行動を３度繰り返せば、その内容にかかわらず

進路変更（自主退学）の指導を行っていた。また、「学び直し」を求めてく
る生徒の中には学習障害や発達障害のある生徒が多く、補習などで与え
られた課題をこなせないことを「怠惰」と見なして単位認定や進級を認
めないこともあった。同様に、現任校では不登校のチャレンジ枠で入学
しても、教室に入れない生徒や欠席の多い生徒の単位の履修や修得に特
別の配慮はなく、一般枠の生徒と同じ規定で単位認定を行っている。

　このように一律の規則や基準を遵守する傾向はどの高校にも見られ
る。これは義務教育ではない高校の組織文化として定着した適格者主義
(学力や生活習慣などが高校生として適格であるものが高校に通う資格がある)と
平等主義（個別の扱いをすることは不平等になる）の考え方が背景にあるから
である。私はこれを高校における「合理的排除」と呼んでいる。

(2) 課題解決のための学校経営上の方略
〜ミッションのために校内規定や教育課程を変える〜

　学校は前例踏襲が基本で毎年同じサイクルで運営されている。同様
に、校内規定や教育課程はそれが定められた時の学校のミッションや生
徒の実態に応じて制定されたものが引き継がれている。公立高校は異動
があるため教員が入れ替わっても学校運営に支障がないように基本的に
規定を大きく変えることはない。そのために学校のミッションや生徒層
が大きく変化した時に、校内規定と実際の学校運営との間に大きな乖離
が生じる。前例踏襲で規定通り運営しようとすればするほど無理が生
じ、それが教員のストレスとなり、結果的に生徒の中途退学や不登校が
増加する。

　例えば、秋留台高校は、2003（平成15）年度から「学び直し」のエンカ
レッジスクールとなり、学校のミッションが大きく変わった。しかし、
教育課程を変えずに30分授業や学び直しの学校設定科目を1年にのみ設
定することで対応した。その結果、2年になって中途退学する生徒が急
増した。また、生徒層が変わってきたにもかかわらず、生活指導の内規
を変えなかったために、問題行動を繰り返して自主退学を迫られた保護

者からの苦情や教育委員会への訴えが絶えなかった。そこで、教員から強硬な反発はあったものの、年度途中で生活指導の内規を見直し、教育課程も年次進行で根本的に見直しを行った。同様に現任校でも、着任1年目の年度途中から教務規定と生活指導の内規を見直し、新学習指導要領の改訂に合わせ、現行の教育課程を抜本的に見直すプロジェクトチームを立ち上げ、検討を行っている。「ミッションのためにルールを変える」これは緒方貞子さん（元国連難民高等弁務官）の言葉である。学校運営の指針である校内規定や教育課程を躊躇なく変えることが、課題解決のための学校経営上の方略としては最も重要で、それを決断することが校長の役割だと考えている。

(3) 結果と展望　〜マッハの壁を超える〜

　秋留台高校では、繰り返し問題行動を起こす生徒でも本人及び保護者の学校を続ける意志があれば継続して指導するという私の方針に教員から猛反発があった。それでも問題を起こす生徒を継続して面倒を見ることが定着してくると保護者からの苦情も激減し、少しずつ学校に適応していく生徒の変容を教員が実感するようになってきた。さらに、生活指導の規定から進路変更の文字を消すことで、何度問題を起こしても基本的に指導を継続することが制度的に定着した。その頃、特別支援教育モデル校に指定され、特別支援コーディネーターが配置された。これが特別支援教育のノウハウを特別指導に取り入れる契機となった。問題行動の背景には少なからず発達障害等の課題があり、本人の困り感をサポートする目的で医療的な支援を含めた特別指導を導入するようになった。

　具体的には、繰り返し問題を起こす生徒が学校に復帰する条件として、コーディネーターを仲介し、本人と保護者に専門医や臨床心理士との面談を義務付け、専門家の意見を踏まえ個別の支援計画を作成するようになった。また、成績会議では、教科の成績資料の他にコーディネーターやユースソーシャルワーカーの資料を取り入れ、生徒の特性を踏まえた学習指導や補習を行うことや欠時数の配慮をするなどの「合理的配

慮」を推進した。

　その結果、年間60名の転退学者が20名程度に半減し、毎年１クラス分多く卒業生を社会に送り出すことができるようになった。

　ジェット機が開発された頃は、音速に近づくと空気抵抗で機体が激しく動揺し、音速には超えられない壁があると信じられていた。ところがあるパイロットが音速を超えるとそこには静かな世界が広がっていた。マッハの壁とは、現実の物理的な壁ではなく、思考の中の思い込みの壁である。

　変革期は不協和音や猛反発で一時的には大混乱となるが、マッハの壁を超えると新たな景色が広がってくる。高校における「合理的排除」から「合理的配慮」への道のりも「マッハの壁を超える」ことと同じである。現在、制度改革の最中にある現任校もまさに「マッハの壁」に突入しているが、中途退学100名、不登校200名もいずれ半減すると確信している。

3．導入のためのポイント

(1) 2000年世代の生活指導はこう違う

①保護者の変化

―うちの子が問題を起こしたら学校で厳しく指導してください―

　私が教員になった昭和50年代は、暴走族や校内暴力の全盛期であったが、それでも地域や家庭の教育力がまだ機能していたために学校と家庭が一体となって生徒の問題行動に向き合うことができた。

―うちの子だけが悪いわけではない。親や友達にも責任があります―

　2000年代に入ると保護者に我が子をかばうことが親の愛情であるかのような傾向が顕著になってきた。例えば、バイクで登校して特別指導になった生徒の父親が「私が息子をバイクに乗せてきました。申し訳ありません。私の責任です」と我が子をかばって本人のバイク登校を認めないことがあった。

―うちの子も悪いかもしれない。でも学校や先生も悪い―

　最近では、生徒の問題行動を棚上げして、学校や教員の対応の不備を攻撃してくる逆ギレタイプの保護者も多くなってきた。授業妨害の特別指導に納得しない保護者が「こんなことで指導する学校がおかしい。うちの子も悪いかもしれないが、そんなうちの子を合格させた学校にも責任がある」と居直るケースもある。

―なんとか高校だけは卒業してほしい―

　2000年世代の保護者の変化やその対応は厳しさを増している。ただひとつ、昔から変わらないものがある。それは「なんとか高校だけは卒業してほしい」という親心である。そういう保護者に問題行動の回数を根拠に自主退学を迫ることは火に油を注ぐようなものである。

②発達障害や精神障害への対応

　このように困った生徒は実は本人や保護者が一番困っている。問題行動を繰り返す生徒の中には発達障害や精神障害などが影響しているものが多く、教育的支援と医療的支援の両輪で対応する必要がある。また、保護者も同様な精神的障害を抱えていることも多く、親子で障害があることを受容できていないケースも多い。これからの生活指導には特別支援教育の考え方や発達障害等の医学的、医療的な知見に基づく「合理的配慮」が不可欠になる。

③コンプライアンスとガバナンスのはざまにある教員の葛藤

　　〜規則やルール通りであることが本当に正しいことか〜

　若者はマニュアルを求めたがるとよく言われるが、世の中全体の法令遵守の組織統治が強まれば当然、マニュアル通り、ルール通りにならざるを得ない。個別の裁量やいい塩梅の匙加減がやりづらくなっている。学校も例外ではなく、特に生活指導は個別の匙加減ができるかどうかで効果は雲泥の差となる。こうした教員の葛藤を解消して効果的な生活指導を行うためにも学校の規則やルールは絶対的なものではなく、対象や状況に応じて柔軟に変える発想がますます重要になってくる。

(2) これからの生活指導を創り出す

①法的根拠をもとに組織の危機感をあおる

　～革命は静かに起きている～

　第1の革命は、平成16年に施行された個人情報保護法である。ある弁護士がこれを静かな革命といった。やがてその法制化の重さに我々教員が気づくことになる。個人情報の宝庫である学校でUSBや答案の紛失は学校運営の根幹を揺るがす大問題に発展する。そして第2の革命は、平成28年に施行された「障害者差別解消法」である。これにより障害者への「合理的配慮」が学校に義務づけられた。さらに差別の解消という観点からは障害の有無にかかわらず、様々な理由で課題を抱える生徒すべてに「合理的配慮」は同等の権利として効力を発生する。こうした法的根拠を基に組織の危機感をあおり「合理的配慮」の規定や運用上の整備を推進することが教員の意識を変える第一歩となる。

②「合理的配慮」を前提として校内規定を再編する

　「合理的配慮」の法的根拠を盾に、指導回数を一律に累積して指導内容を重くしたり、進路変更へと導く指導を改善する。また、特別指導中の過重な課題や長期の自宅謹慎など懲らしめる発想の指導を改善する。具体的には、生徒の特性に応じた個別の課題を設定する、登校させて面談を重視した指導を行うなど、個別で柔軟な指導に転換する。また、特別指導解除の条件に、発達障害等の疑われる生徒には、専門家の支援を受けることやそれを本人や保護者が受容することなどを位置づける。

③個別に生徒の変容を評価する組織文化を創る

　繰り返し問題行動を起こす生徒も特性に応じた指導を粘り強く継続することで不安定さの振れ幅が減衰する。このような指導の効果（生徒の成長）は個別に異なるが、それに粘り強く寄り添う生活指導が絶好の生徒理解の機会となり、それが教員の成長にもつながる。そのためには他の生徒との比較や基準に照らした判断ではなく、生徒の変容や成長を個別に評価（個人内評価）する発想を高校に定着させることが求められる。

校舎改築から構想する学校経営デザイン
～校舎大規模改修を通して～

小野村 浩

文京学院大学特任教授／前東京都立千歳丘高等学校校長

1. はじめに

　近年わが国では地震や台風被害などの多くの自然災害を経験し、公共施設の耐震化工事や改修・改築事業が進められている。全国普通科校長会管理運営研究部会では、毎年全国47都道府県の普通科高校に対してアンケート調査を行い、高等学校の管理運営に関する現状と課題を分析考察している。平成30年度の「普通科高校の管理運営に関する現状と課題」と題する発表から、校舎の改築・改修に関するデータを調べてみると、改築・改修時期の目途については、60年以内に校舎等の大規模改修をしている県は22県（47％）で、改築については８県（17％）にとどまっている。大規模改修等の時期の目途を定めていない県が多く、施設・設備の老朽化対策はあまり進んでいないのが現状である。

　その背景には各自治体予算の状況もあるが、長期に渡る校舎改築中は、教育活動に様々な課題が生じるため、できれば先延ばしにしたいという学校の思いも強いと考えられる。本稿では、管理職として勤めた公立高等学校での経験をもとに、校舎・グランド等の改築改修時における学校経営上の課題と工夫について論述する。

2. 学校概要

　ここで事例とする高校は、創立77年目の全日制普通科高校である。閑静な住宅街に位置し、交通の便もよい。創立当初は人気校であったが、

その後低迷した時代を経て、制服の導入や生活指導の強化、部活動の活躍や進路実績などが少しずつ進んで、学校としても落ち着いてきた中堅校である。進路先は、大学・短大約48％、専門学校約39％、就職約10％、その他３％の進路多様校であり、生徒の学力差が大きい。近年は家庭学習の定着に課題を感じている。

3．校舎改築・施設改修にかかる学校経営の課題と工夫

　校舎改築、グランド・体育館改修は、基本設計…１年、実施設計…１年、校舎解体・新築工事…３年、グランド・体育館改修工事…１年の計６年の計画で段階的に進められた。校舎改築によって、きれいな教育環境が実現できるのはありがたいことだが、改築・改修工事中は長期に渡ってさまざまな課題が生じ、教育活動の工夫が必要となる。

(1) 教育活動の課題（雨天授業・体育的行事・部活動）と募集倍率

①改築前と同じ教育活動が保証するためには、体育の授業や体育的行事に限らず、細部に渡っての調整や工夫が必要である。どの学校でも苦労するのは、体育施設と体育の授業や特別活動に支障が出ることである。体育的行事で外部施設を借りる場合は、抽選によって日程が決まる場合が多いため、年間計画を立てるのが遅くなる。また雨天時の予備日が設定できない場合が出てくる。

②改築・改修中には、全校生徒が一斉に集められる会場がなく、事例校の場合は、始業式・終業式等は放送で行った。全体指導がしにくく、多くはクラス単位の指導が基本になった。もちろん行事の前などに行う学年集会もできない。

③部活動は高校生活の重要な要素であるが、運動系の部活動では放課後や休日の練習場所の確保が難しい。外部の施設を借りる場合は、使用料金の負担以外にも、移動時間や練習開始時間の制約もあって、生徒の移動旅費、帰宅時間や引率教員の退勤時間も遅くなる。

④施設改築・改修の期間は、入学希望者が減少する場合が多い。十分な

教育環境が保証できないとなれば、それも当然のことである。夏から冬にかけて学校説明会が頻繁と行われるが、プレハブの仮校舎で学校説明会を行う時期は、入学希望者は減る傾向にある。

（2）課題解決のための学校経営上の方略

①授業内容・体育的行事の工夫

　事例校の場合は、テニスコートのあった敷地にプレハブの仮校舎を建てて授業を行った。プレハブとは言っても教室数は確保され、建造物としての機能には全く問題がない。冷暖房も完備し、古くなっていた旧校舎よりも快適である。トイレなどもすべて洋式トイレになって清潔で好評だった。課題を挙げるとすると、湿気が廊下などに水滴となって溜まりやすく滑りやすいこと、音が響くので階上の教室や廊下を歩く音が気になることである。座学の授業は問題なくできる。

　工夫が必要なのは保健体育の実技授業である。狭くなったグランドや校舎周りの通路、来客者用駐車場など校内の空きスペースを活用して、実施種目を変更して実施した。通常体育館で行っていた種目は、他校の実践例を研究し、卓球やボッチャ、ターゲットバードゴルフなどの用具をそろえて実施計画を立てた。狭いグランドでは、5人制のミニサッカーやポートボール、フリスビーを使った競技などを実施した。雨天時の体育の授業は、教室を使って競技理論などを行うこともできるが、雨が続いて座学を行う回数が増えると身体を持て余す高校生も出てくる。少しでも身体を動かす活動をさせたいので、けん玉を購入し、比較的大きな講義室や廊下を使って行う日もあった。

　体育祭・マラソン大会・球技大会など全校で行う体育的行事は、外部会場を借りて実施した。この場合の課題は、十分な練習や準備ができないことであろう。体育祭にしてもマラソン大会にしても、本番当日に現地に行ってやればいいという行事ではない。1年近く前から種目やタイムテーブルを決め、体育の授業を使って出場種目の十分な練習をし、全体の予行練習をしてから臨む。しかし、校内で練習する場所が確保でき

ないと、危険防止の観点から実施できる種目が限られてくる。競技に必要な用具や準備も前日にセットしなくてはならない。マラソン大会については体育の授業で一定期間の長距離走の訓練をしておかないと危険である。したがって、体育祭は自校グランドで行う場合と種目や内容を大きく変えて実施した。マラソン大会は、施設改修期間は休止の判断をせざるを得なかった。球技大会は、全校行事から学年行事へと変更した。

②全校指導・学年指導の工夫

　全体指導ができないと、一斉に指導を徹底したい場合に時間がかかり、より丁寧に指導を進める必要がある。ホームルーム等で担任から伝達する事項については、担任が読むための原稿を用意し、全校で同じように繰り返し指導する努力をした。また、特に大切なことは生徒・保護者宛のプリントを配布するようにした。校舎改築やグランド・体育館の改修についての進捗状況や見通しなどもプリントで示し、実際に学校で活動していない保護者にもできるだけ情報を開示した。

　大きな課題は、防災教育・避難訓練が十分にできないことである。体育館やグランドに避難する練習ができず、避難訓練は学年ごとに行い、防災講話は放送による講話とした。やはり臨場感や緊張感の欠けるものになったと言わざるを得ない。また生活指導や進路指導においても、全体指導ができず、クラス別の指導や個別指導の比重が重くなる。その結果、事例校では女子生徒の化粧指導や身だしなみ指導に停滞が感じられた。集団としての帰属意識や誇りを持たせるために、体育館やグランドでの集会はやはり教育効果が高いことを実感した。

③部活動の工夫

　体育館やグランドの改修によって施設が使用できない期間の部活動として、考えられる対応は3つある。1つ目は地域の施設を有料で借りることである。学校の近くに適切な施設が存在し、費用の捻出ができれば最もいい環境であるが、抽選によって使用できる可否が直前しか分からないことが多いので、計画的な活動が難しい。2つ目は近隣の小中高等

学校等の施設を借りる方法である。事例校では近隣の小学校の体育館を夜間に借用した。どの学校も自校の部活動や施設開放事業があるので、借用できる曜日や時間帯が限られる。３つ目は他校との遠征試合や合同練習などをお願いして実施することである。週休日や長期休業中には有効な方法で、生徒のモチベーションも上がる。いずれの場合も課題は、遠征にかかる旅費や道具の運搬など、負担が増えることである。

　事例校の場合は種目と活動場所によって、いくつかの施設を利用した。野球部・サッカー部・テニス部の場合は、公共のグランドを使うことが多かったが、前述したように倍率の高い抽選があり、１か月前くらいまで練習計画が確定できない。またナイターや遠いグランドや球場しか確保できない場合が多く、授業のある平日の活用は難しい。他校との合同練習や練習試合をお願いして遠征することが多かった。バスケットボール部・バレーボール部・バドミントン部・ダンス部・卓球部・剣道部などの体育館を利用する部活動は、地域の複数の小学校の体育館を借用した。中学校や高校は、どの学校も放課後や週休日に活動があるため、定期的に借用することが難しい。そんな中で、放課後や夜間の使用を許可してくれる小学校があったため、複数の小学校の体育館を借りて各部活動が交代で活動させてもらうことができた。課題は、小学生と高校生では、バスケットボールやバレーボールなどのコートの規格が違うことである。借用するうえで留意すべきこととして３点が挙げられる。❶使用のルールを明確に協議し、活動する生徒に顧問から指導を徹底すること。体育館内での飲食や着替えなどの方法も入念に打ち合わせる。❷施設借用に関する書類上の契約を取り交わし、ケガや施設破損の場合などの対応や保険にも加入しておくこと。❸計画の変更やキャンセルなどの学校間の連絡体制を確認すること。

　また「ワーク・ライフ・バランス」の推進が言われる中で、部活動を中心的に指導する教員の負担はかなり増えた。勤務時間の割り振り変更をすることも可能であるが、部活動指導に熱心な教員に限って、他の業

務も多く、授業日も休日も朝早くから夜遅くまで休む時間が作りにくい。教員の仕事量の二極化が以前より進んでしまった印象が強い。

④募集対策の工夫

　学校の魅力は校舎や施設ではなく、教育活動の内容である。事例校の場合は、募集対策委員会を新設し、危機感をもって学校全体として組織的な募集活動を行うことで、入学希望者の減少を食い止める努力をした。また施設改築・改修の期間に教育内容の充実に向けた取組を図り、学習指導要領の改訂に合わせた教育課程の再編や学力向上にかかる授業力向上の研究を進めた。各分掌間の連携を強化し、授業改革や人材育成のための教員研修も活発に行った。

　結果として、改築・改修前に比べて入学者選抜の倍率は下がることなく、むしろ年々向上した。

4．導入のためのポイント

　施設改修は、地域との連携を深める絶好の機会となる。そもそも学校は地域の中にあって、「迷惑施設」という側面がある。昨今は近隣からの苦情がない学校の方が珍しい。事例校も、騒音やグランドの砂ぼこり、生徒の登下校のマナーなどに関する苦情が多く寄せられる高校であった。

　しかし、改築や改修が始まり、様々な点から地域の協力を得る場面が増え、学校外で教育活動を行うことで生徒が地域に出ていく機会が増えたため、以前より応援や支援の声も届くようになった。これまで学校の敷地内だけで完結し、見えることのなかった教育活動が地域にも見えるようになったということだろうか。

5．おわりに

　校舎改築・施設改修は大きな転機となる大事業である。改築改修にかかる課題解決を図るとともに、この事業を前向きにとらえて開かれた学校作りを進め、地域の中で存在感のある教育活動の場としたい。

II–1

学びの創造をめざした
グローバル教育

志波昌明

東京都立飛鳥高等学校校長

1. 学校概要

　本校は、1996（平成8）年に都立初の単位制高校として創立された全日制普通科の高校である。3学年18学級、在籍数663人（男子175人、女子488人）。卒業後の進路は、4年制大学62.6％、短期大学5.7％、専門学校5.7％、就職0.0％、留学4.8％、その他8.8％（2020年3月卒業生）となっており、大半の生徒が進学希望である。

　在京外国人入試を実施しており、各学年約20人は外国籍の生徒が在籍しており、国籍は中国、ネパール、フィリピン、ベトナム等アジア圏が大半である。

　開校以来、「英語の飛鳥」として、英語教育に力を入れてきており、英語の選択科目には、ディスカッション、プレゼンテーション等も開講している。さらに、東京都から「東京グローバル10」「海外学校間交流推進校」の指定を受け、国際理解教育に力を入れてきた。海外修学旅行（過去の実績：グアム・台湾・シンガポール・ベトナム）、海外語学研修（8月希望者20名、アメリカ・カリフォルニア）、アメリカ・フランスの姉妹校との交流、訪日高校生との交流、タブレット端末を使用したフィリピンとの1対1のオンライン英会話授業、英語検定・GTECの全員受検、TOKYO GLOBAL GATEWAY での1・2年全員参加の英語校外学習等を行っている。選択科目にスペイン語、フランス語、中国語があり、放課後には部活動でESS、ハングルクラブを行っている。図書館には、速読用の英語書籍を

多数配置し、それ以外にも中国語、ハングル等様々な国の洋書を充実さ
せ、JETは２名、ALTは英語以外の言語も含め11名が配置されている。

　長期留学生（１年間）を毎年受け入れており、昨年度も７月まではスペ
インからの留学生が、９月からはドイツからの留学生が在籍し、授業だ
けではなく、行事や部活動にも参加した。東京都の「次世代リーダー育
成道場」や民間団体による１年間の留学にも毎年、複数の参加者がいる。

　これらのグローバル教育について、主に「総務国際交流部」と「グロ
ーバル10委員会」の２つの組織で担当している。長期留学生の受け入
れ、海外姉妹校との交流は、「総務国際交流部」で、オンライン英会話、
検定試験、外部コンテスト等については「グローバル10委員会」が担当
している。

2．本校のグローバル教育について

(1) 本校の課題

①これまで、国際交流をしてきた姉妹校が、オーストラリアやアメリカ
　での語学研修の相手校のみであった。グローバルという観点からする
　と少ない上に地域も限られており、世界全体への国際理解が図られて
　いないことが課題であった。また、国際交流の機会も少なく、限られ
　た生徒しか交流体験ができなかった。

②海外交流に関する情報の入手が難しく、具体的にどのような国とどの
　ような活動が可能かわからず、計画を立てにくかった。

③交流が英語圏に偏っていたことも、国際理解の観点からは不十分であ
　った。

(2) 課題解決のための学校経営上の方略

　国際的な視野を持ち、国際理解を深めるためには、英語圏だけではな
く、できる限り多くの異文化を持つ国との交流が必要と考える。近隣
で、文化的にも距離的にも近いアジア圏との交流は、地理的、歴史的な
視野を育む点からも必要である。さらに、ヨーロッパやアフリカ等との

交流をすることで、グローバルに視野を育てたい。そのための課題解決策として、国際フォーラムや都の国際コンシェルジュなどの外部機関との連携が重要になる。

（3）結果と展望

● 2019（平成31・令和元）年度実施内容

4月　アメリカ大使館職員による講演会

　　　ホームルーム合宿での英語スキットコンテスト（1年）

6月　コロンビア大学の学生による講演会、インドネシアからの訪日学生の来校による交流活動、アメリカのラスロマス高校からの訪日生徒のホームステイ・授業での交流

7月　英語スキットコンテスト（1年）

　　　スペインからの1年間の長期留学生帰国

8月　アメリカのラスロマス高校での海外語学研修

　　　ドイツからの1年間の長期留学生の受け入れ

9月　オーストラリア訪日高校生との交流活動

　　　フランスのポールヴァレリー校とのパートナーシップ協定調印、フランススポーツ大臣、パリ大学区区長、在日フランス大使の来校

11月　IOCのオリンピック・パラリンピック紹介ビデオ撮影

　　　スイス大使館職員による講演会

　　　ポールヴァレリー校への生徒の作成した英文の手紙の送付

　　　台湾ラクロスナショナルチームとラクロス部の交流活動

12月　英語ドラマコンテスト（1年）

　　　SDGs・JICA講演会（2年）

　　　国際フォーラム主催日韓校長交流プログラムに校長が参加。韓国で日本語教育に取り組む学校の責任者や教員と交流し、韓国の高校、大学を訪問した。

1月　ベトナム海外修学旅行（2年）

2月　海外大学進学講座（1年）

パリ・ソルボンヌ大学での高校生国際会議出席（パリアカデミー
主催）

　　＊参加者：パリアカデミー代表、パリ大学区区長、仏オリン
　　　　　　　ピック・パラリンピック事務局、東京都教育委員
　　　　　　　会等、日本（飛鳥高校）、フランス、イタリア、スペ
　　　　　　　イン、モロッコの高校生
　　＊パワーポイントを使用し英語による発表を行った。
　　パリ・ポールヴァレリー校への訪問・交流活動
　　　　＊英語による学校紹介ビデオの上映と交流

　来校したアメリカやオーストラリア等の高校生との交流や、現地での
ベトナムやフランスの高校生との交流では、すぐに打ち解けてスムーズ
な交流ができた。生徒の反応もよく、「同じ高校生」という意識を持てた

ことはとても大きな成果と言える。

　また、交流することで、英語やフランス語等の外国語への学習意欲や、地理・歴史・美術等への興味関心も高まった。

〈今後の展望〉

　姉妹校との交流は、相互訪問を中心に手紙やメールの交換等でさらに交流を深めていきたい。フランスについては、本校の所在地である東京都北区にあるフランス学園との交流も検討したい。

　地域としては、アメリカ、フランスに次いで、アジア圏との交流も活発に行いたい。12月に行った日韓交流プログラムでは、韓国の高校の多くに、日本語の授業が設定されており、日本語教員が配置されていることもわかった。英語、日本語、ハングルを使用した交流の可能性もあり、相互訪問やメール映像、手紙の交換による交流を検討したい。

　都内の大学には多数の留学生が在籍している。今後、大学と連携し、海外からの留学生による講演会や交流も検討したい。

3. 導入のためのポイント

(1) 外部機関との連携

　観光財団や国際フォーラム、大使館、区役所、旅行業者等、外部の組織、団体と連携を取り、情報収集や通訳等の手配を行った。特に相互交流を現地で行う場合、最新の情報を入手し計画を立てる上で、外部機関との連携は重要になる。また、外部組織との交渉、調整を担当する組織も必要になる。特に、外国との交渉、連絡においては、英語が基本となるため、英語に長けた教員が求められる。

(2) 予算

　海外での交流活動については、アジア圏であれば移動時間も費用も抑えられる。しかし、アメリカやヨーロッパでの活動となると、予算確保が難しい。修学旅行であれば、学期中にも行えるため、ハイシーズンを避けることができるが、希望者を集めての研修旅行の場合、長期休業中となるため、費用が上がってしまう。実地踏査も含めての予算確保が大きな課題である。また、今年度、フランス研修旅行では、初めての試みであったので現地通訳をつけ、移動も運転手つきの自動車とした。海外での交流については、旅費以外でも必要な経費が発生する場合もあるが、安全第一に考えるとやむを得ない。余裕を持った予算確保が求められる。

(3) 相手校との連絡、スケジュール調整

　海外の学校との交流での課題にスケジュールの調整がある。長期休業期間や学年の開始時期、定期考査の時期等、国によって異なり、お互いの都合をすり合わせなくてはならない。連絡手段はメールが中心になるが、電話と異なり、送ったメールへの返信に時間がかかることも多かった。国によって、国籍によってビザの申請も必要になり、大使館に連絡しなくてはならない場合もある。発行にも時間がかかることが多い。このような状況から、余裕を持った早めの準備期間が大事である。

カリキュラム・マネジメントを推進する組織づくり
～SCRUM事業を「見える化」する～

堤　茂樹

北海道夕張高等学校校長

1. 学校概要

　本校の所在地である夕張市は、北海道中部空知地方の市であり、夕張メロンの産地として知られている。北海道の中央部に位置し、かつては石狩炭田の中心都市として栄え、1960（昭和35）年116,908人をピークに、日本のエネルギー政策の転換の影響を受け、急激な人口減少・少子高齢化が進んでいる。また、深刻な財政難から、2007（平成19）年には、財政再生団体に指定された

　本校は、1936（昭和11）年、夕張町立夕張家政高等女学校としてスタートして以来、幾度の校名変更や学科改編を行いながら、1992（平成4）年に現在の北海道夕張高等学校となり、夕張の歴史とともに80年を超える長い年月を歩んでいる。平成27年度から全日制普通科3学級となった。

　2017（平成29）年度からは、夕張市の地方版総合戦略に夕張高校魅力化プロジェクトが位置づけられ、設置者である北海道と夕張市が協同して学校改革（魅力化）を推進している。

2. 組織的なカリキュラム・マネジメントと事業の「見える化」

(1) 本校の課題

　平成30年度SCRUMの研究指定時の本校の課題は次のとおりである。

①主体的・対話的で深い学びの実現

　各教科における主体的・対話的で深い学びを促す実践を明確化し、教

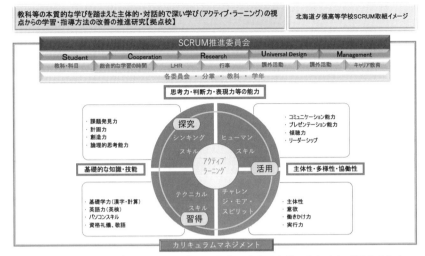

| 教科等の本質的な学びを踏まえた主体的・対話的で深い学び（アクティブ・ラーニング）の視点からの学習・指導方法の改善の推進研究【拠点校】 | 北海道夕張高等学校SCRUM取組イメージ |

図1　３つのスキル（ヒューマンスキル、テクニカルスキル、シンキングスキル）と
　　　チャレンジ・モア・スピリット

科等間の連携や教科等及び行事の系統的な指導を図るために単元配列表
を作成することや単元配列表を組織的に活用するため、本校が掲げてい
る生徒に身に付けさせる力である３つのスキル（ヒューマンスキル、テクニ
カルスキル、シンキングスキル）とチャレンジ・モア・スピリット（図1）を
単元配列表内に明確に位置付ける必要がある。

②授業の理解度及び学習意欲の把握

　北海道高等学校学習状況等調査・学力テストの分析により、客観的に
生徒の学習状況について分析し、よりわかる授業への工夫改善や学習習
慣の確立の必要がある。

(2) 課題解決のための学校経営上の方略

〈主体的・対話的で深い学びの実現に向けた取組〉

　平成30年度に単元配列表（表1）を作成し、教科等間の連携や教科等及
び行事の系統的な指導を図った。

　授業改善については、研究指定の利点を活かし、教員の研究の機会を
確保した。他府県への視察等については、校内報告会を設定し視察内容

SCRUM推進校内組織図

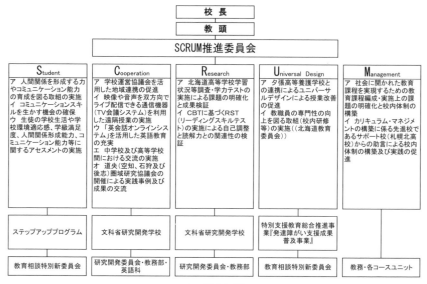

図2　校内組織図

表1　単元配列表

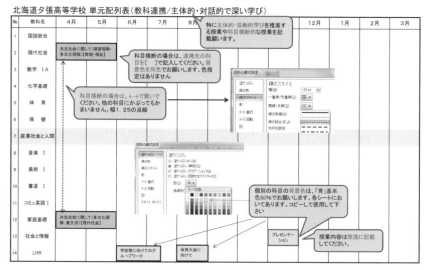

を周知した。また、本校にて外部講師を招聘して開催した研修会には、全員参加とした。やむを得ず欠席した教員には、研修の様子を録画し、視聴させることにより、内容の周知を図った。

　各行事については、要項の目的の項目に、3つのスキルとチャレンジ・モア・スピリットとのリンクを明示することとした。また、リンクを日常的に意識させるために図1を職員室に掲示するとともに、各自の机上に常設するようにした。

　さらに、教職員の ICT の活用を進めた。北海道立の高等学校には、北海道教育委員会が開発した「校務支援システム」が導入されているが、教務の成績処理や電子メール等一部の機能しか活用されていなかった。そこで、毎日発行している「打合せ票」を電子メールの配信とし、朝の職員打合せは廃止することとした。授業における ICT 機器の活用促進はもちろんであるが、校務においても ICT を活用することの有用性を意識させることとした。

(3) 結果と展望

〈主体的・対話的で深い学びの実現に向けた取組〉

　授業を主体的・対話的で深い学びへ転換していこうとする共通認識を醸成することができた。いくつかの教科は、外部講師から高い評価を受けるレベルに達している。しかし、全体としては、改善の余地が多く、今後は、全教科・科目の共通実践項目を設定し全教科としてのレベルアップが望まれる。また、評価については、課題が残っている。評価問題の検証、評価方法についての研修は、今後の大きな課題である。

　各行事については、インプット一辺倒の講演会が少なくなり、生徒が主体的に考え、ディスカッションし、考えをシェアする形式に転化することができた。

　ICT 機器の活用については、ベネッセの Classi の活用を含め、かなり進んだ感はあるが、「GIGA スクール構想」から考えると、機器の導入をどのようにしていくかが課題である。

3. 導入のためのポイント

(1) 自校の「強み」を最大限に活かす

　SWOT 分析[注]は、必須である。「強み」をどう活かし、自分の学校経営を推進するか(または、できるか)は、最大のポイントと考える。「人」、「物」、「金」とはよく言うが、自分の目で見て「強み」を見つける必要がある。

　本校の場合は、北海道教育委員会からの研究指定による支援、夕張市からの「夕張高校魅力化プロジェクト」の支援、そして、柔軟な思考で活性化を進めていく教職員という「強み」があった。

(2) 前期の評価を後期に活かす

　PDCA サイクルをいかに活性化させるかは、学校改革の大きなポイントであるが、ともすると年度という概念に縛られ「変えるのは来年度から」となりがちである。しかし、実際には、年度末・年度初めは、入学者選抜や単位認定、新入生の受入等、様々な業務が錯綜することや学校内外の人事異動があり、前年度の反省が必ずしも次年度に引き継がれない傾向にある。それであれば、前期評価を速やかに後期の改善に活かせば、人員が同一であり PDCA サイクルを活性化させるこができる。

　本校においても、「打合せ票」の電子メールの配信、朝の職員打合せの廃止、ノーチャイム等は、後期から実施した。不安視する声はあったが、概ね良好な実施状況である。

(3) 危機感を共有し、改革の意欲に活かす

　変化が激しく予想が難しい時代の学校を経営していく立場としては、常に危機感を持っているが、教職員のもつそれとのギャップを感じることが多い。このことは、「やらねばならない」と「やったほうがよい（やらなくもよい）」との発想の差となり、学校改革の足かせとなる。

　本校においても、地元中学校から本校への進学率が低迷し、「夕張高校魅力化プロジェクト」立ち上げ時期を経験している教職員の学校存続への危機感は強く、学校改革の意識と比例している。「ピンチをチャンス

に」は、北海道知事（前夕張市長）がよく使うフレーズだが、「ピンチ」の共有がキーポイントになる。

（4）学校での学びを社会で活かす

　生徒に身につけさせる力については、各学校で定義しているところである。単に「知識を得る」だけでなく、「活用できる力」の育成が叫ばれているところである。しかし、このことだけでは、生徒の学習意欲は、喚起できないと考える。さらに、もう一段階「活用したことが役に立つ」という経験が必要と考える。自分の学習が役に立ち、他から感謝される経験は、何よりも次の学習への意欲となる。この場面をどのように設定するかは、生徒の学習意欲の喚起という視点で重要と考える。

　本校においては、夕張市と連携し、市立施設のデザインや運営方法への参画や企業との共同商品開発等の活動を行っている。このような経験が、確実に次への学習意欲につながっている。

（5）主体的・対話的で深い仕事

　最後に、校長として教職員に望むことを一言にまとめると「主体的・対話的で深い仕事」だと感じている。各教員が主体的に授業改善や学校行事の改革に取り組み、計画、実施にあたって他の教職員や生徒や保護者、地域の人々と対話し、協働して目標達成する。そして、この経験こそが、教職員の達成感、次への意欲に繋がり、学校改革が加速すると考える。

　校長として、生徒にも、教職員にも、その場を設定できるよう学校改革を進めていきたい。

（注）「SWOT分析」とは、目標を達成するために意思決定を必要としている組織のプロジェクトなどにおいて、外部環境や内部環境を、「強み（Strengths）」、「弱み（Weaknesses）」、「機会（Opportunities）」、「脅威（Threats）」の4つのカテゴリーで要因分析し、事業環境変化に対応した経営資源の最適活用を図る経営戦略策定方法の一つである。主な活用用途としては「マーケティングや事業の戦略を新規で立ち上げる時」「企業や組織の成長にぶつかった時」に現状の課題や環境を洗い出す場面などで使用される。

メンター制度による人材育成

小市　聡

横浜市立横浜総合高等学校校長

1. 学校概要

(1) 沿革

　本校は2002（平成14）年4月1日に「横浜市立高等学校再編整備計画」の下、同市立港高等学校、横浜商業高等学校定時制、鶴見工業高等学校定時制、横浜工業高等学校を再編整備して横浜市中区に開校した。のち2013（平成25）年に同市南区へ移転した。総合学科3部制の定時制高校として横浜市内全般から多くの生徒が在籍している。

(2) 学校の特色

　午前、午後、夜間の3部制高校だが、他の部の授業を受講できるため、3年間で卒業する生徒が7割いる。総合学科であることから選択科目も多く、商業、工業などの資格も取得できる。

　生徒は複雑な背景を持つ生徒が多く、本校での3年間で自己存在感を持ち、課題解決力を身につけ、社会適応できる状態で卒業させることを目標としている。

(3) 学校の規模

　毎年Ⅰ部144名、Ⅱ・Ⅲ部各108名の募集である。全校では約1100名の生徒が在籍している。職員も93名、非常勤を含めると150名規模の大きな学校である。

2．横浜総合高校メンターチームの概要

(1) 本校の課題

　本校には入学前から複雑な背景をもった生徒が多数在籍している。その生徒達に社会適応力を身につけさせて卒業させる必要がある。そのためには直接携わる教員の力を向上させる必要がある。教員自体が経験したことのない生徒の環境を理解し、学習への動機づけを行い、わかりやすい授業を提供し、体験による想像力を育成するなどの具体化を教師が個々で学ぶだけではなく、チームで取り組むことが理想と考えた。この課題解決を目指して授業向上委員会が作られ、その下にメンターチームが作られた。

(2) 課題解決のための学校経営上の方略

　横浜総合高校のメンターチームは、2016（平成28）年に発足し、5年目を迎えた。参加者も年々増加し、発足時の30名は2019（令和元）年度47名にまで増えた。年間11回の研修内容も直面する課題に合わせて設定するなどの工夫をしている。多忙な業務の中で月1回の研修を行うことは容

【横浜総合高校　生徒の現状と学校の役割】

101

易ではないが、この活動が全国の教育関係者から注目されるようになった結果、担当者、参加者とも活気ある活動になっていった。職員の入れ替わりが多い本校で継続している背景にはリーダーの存在と、学ぼうとする若手を中心とした先生方の意欲がある。今後もモチベーションを落とさず、継続する組織を目指して活動の幅を広げていきたい。

　メンターチームの母体は、同じく平成28年に発足した授業研究委員会である。全職員が更なる授業力向上を図るための場づくりを行うことを目的に、管理職4名と職員5名でスタートした。内容は以下のとおりである。

〈授業研究委員会の業務内容〉
①職員研修の実施多様
　変化する教育環境に適用できる知識・技量等を身につける。
②校内公開授業の拡充
　公開授業週間を年2回行い、教員間の意見交換を活発にする。
③メンターチームの発足
　教員の授業力および学級経営力等の向上をサポートする。

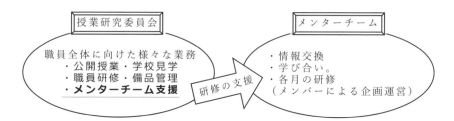

〈メンターチームと授業研究委員会の関係　概念図〉

参加者：平成28年度　<u>30名</u>　　29年度　<u>39名</u>　　30年度　<u>42名</u>
　令和元年度　<u>47名</u>

メンターチーム内の役割分担：

　①校内研修担当　　職員研修企画運営

　②校内公開授業担当

　③メンターチーム支援担当

④備品管理　会計（予算）担当

⑤学校見学担当

⑥名簿作成管理担当

⑦日程調整担当　月一で授業研委員会　準備、周知

⑧記録（メンター研のHP起案、データ整理、授業研議事録等）

⑨初、2、3年研＆第2第3ステージ研　研究授業日程調整担当

⑩メンター研親睦会担当

2020（令和2）年度計画

月　日（ ） 開催時間	主な取組内容
4/24（火） 16：35-	メンター研修① メンターチームとは
5/17（木） 16：00-	メンター研修② アイスブレイクについて・定期テストについて
6/12（火） 16：00-	メンター研修③ 他己紹介の手法で他教科紹介・公開授業について
6/18-22 公開授業週間	ホメラレターを送り合おう
7/12（木） 15：00	メンター研修④ 保護者対応について
7/19（木） 13：10-	授業研究職員研究会 「調べる/まとめる/発表する」を身に付けさせるには
8/24（金） 16：00	メンター研修⑤ 横総的参加型学習を考えよう
9月中	学校訪問　先進事例視察（市内　市外）
9/28（金） 16：30-	メンター研修⑥ 科目登録に挑戦！
10/17（水） 16：00-	メンター研修⑦ メンター版　学校教育目標5か条
11/5-9	公開授業週間 パターンランゲージで生徒を観察
11/14（水） 16：35-	メンター研修⑧ 公開授業週間振り返り
11月中	学校訪問報告

12/19（水） 16：00-	メンター研修⑨ 授業に役立つ「○○○○」！（仮）
1/7　（月） 16：00-	メンター研修⑩ 入試業務と判定会議資料の見方を学ぼう
2月中	メンター研修年間まとめ　2018年度報告書作成
3/22（金） 13：30-	メンター研修⑪ 特別講義と年間振り返り

（3）結果と展望

　メンター研修による効果は以下の通りである。

①職員間コミュニケーションが構築された。

②校内業務の協力体制を構築し、合理化された。

③他校の視察報告を全職員に配布、周知した。

　視察：平成28年度

　　　　○千葉県立生浜高校　3部制全日制併置校。不登校回復課題

　　　　○神奈川県立藤沢清流高校　AL型授業実践校

　　　　平成29年度

　　　　○旭丘高校　「不登校」「学び直し」カリキュラム

　　　　○東京都立六郷工科高等学校　AL推進指定校の取組

　　　　○東京都立足立東高等学校　エンカレッジスクール

　　　　平成30年度

　　　　○茨城県立結城第一高等学校　ALへの取組

　　　　○茨城県立結城第二高等学校　3部制の生徒指導

　　　　令和元年度

　　　　○『未来の先生展2019』　教育最先端授業の展示会参加

④外部講師による情報提供

⑤他校への波及

　大学主催の講演や県立高校からの講演依頼が複数あった。

　県内外の高校、教育委員会からの視察があった。

3. 導入のためのポイント

①メンター研修を設置する環境を整備する

・研修の位置付け、効果、時間設定、予算などを明確にする。

・リーダーの人選とメンバーの構成。

・参加者が意見を出しやすい環境作り。

・共有している課題の解決に向けた内容であること。

②リーダーの素養を持つ職員を発掘し育成する

・人間関係力、発想力を持つ職員を発掘し、交渉力、文書表現力を身につけさせる。

・研修成果の見える化に向けた報告書作成、発表の場の提供。

③活動の継続性を持たせる

・リーダー、メンバーともに報告や発表の場を提供し、やりがい、楽しさ、達成感を持たせる。

・学校内外のメンバー以外から必要性を求められる評価を得る。

・先進的な事例を研修するために他校や他団体への出張を奨励する。そのための出張旅費などの予算獲得。

・50代以上が参加しやすい環境作り。

④意欲を持たせるための広報をする

・学校の広報として保護者、市民、自治体に広報する。

・教育の発信として高校、大学、関係業者等に広報する。

・成果をマスコミ等を通じて広く広報する。

＊本年度も横浜総合高校ではメンター研修を実施しています。この報告をご覧になり、実際に見学を希望される方は本校まで連絡をください。

すべての教員の授業力を強化する

山口陽子

前大阪府立岸和田高等学校校長

1. 学校概要

1897（明治30）年創立。文武両道の大阪府立の伝統校である。学校規模は26クラス。2011（平成23）年度より、国から SSH（スーパーサイエンスハイスクール）に、大阪府から GLHS（グローバルリーダーズハイスクール）に指定されている。SSH は科学技術人材育成が、GLHS は高い志での進路実現とグローバルリーダー育成がミッションである。ほぼすべての生徒が京都大学・大阪大学等の国公立大学進学を希望するため、本校では、国公立大学に合格できる知識の習得も不可欠である。

2011年度の指定以来、「課題研究」を教育課程上の授業に位置づけて、究極の AL 型授業（＝主体的・対話的で深い学びの授業）と捉えて取り組んできた。18年度からは、すべての生徒が「課題研究」を行うことになった。そこで、これまでに得た「課題研究」の手法・AL 型授業をすべての教科科目に広め、すべての教員の授業力を強化しようとしている。

2. 教員の授業力を強化する

(1) 本校の課題

社会や教育環境が激変する今、21世紀を牽引する人材育成が課題である。社会の変化に呼応した早急な意識改革や授業改善、授業力の強化が課題となっている。本校の「育てたい生徒像」（図1）は、高い志を持ち、自ら学ぶ生徒で、チャレンジ精神に富み、将来、21世紀を拓くリーダー

としてグローバルに活躍する生徒である。このような生徒を育成する学校経営戦略や、教員が自ら授業を改善する教員へと変容できるようサポートする仕掛けを構築することも課題である。

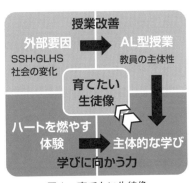

図1　育てたい生徒像

(2) 課題解決のための学校経営上の方策

　仮説『ハートを燃やす多様な体験で、生徒の内部から気づきや学びに向かう力が湧き起こる。触発された主体的な学びは、自らの固定概念の殻を打ち破りつつ成長できるリーダーを育む。』を学校経営の指針にしており、この仮説に基づいて教育活動をデザインしている。

① SSH 事業と AL 型授業の関わり

　SSH 事業が、学校として AL 型授業をめざす大きな要因となっている。第2期 SSH 計画の立案に際し、第1期5年間の活動を検証することから始めた。SSH の取組と大学での学びとの関連について、大学生になった卒業生にアンケート調査（図2）を実施した。『学生生活で、個人や班で行う「課題研究」は効果がありましたか？』について、とてもそう思う43.2%、ややそう思う35.1%、約8割の生徒が肯定的な回答をした。また、質問項目の中で、とてもそう思うとの回答が最も多かったのが「課題研究」であった。この結果は、究極の AL 型授業「課題研究」を推進していく根拠となった。第2期 SSH 計画に携わった中心メンバーは「課題研究」の質を深化させるだけでなく、すべての教科科目で、その手法を生かした AL 型授業を行いたいと校長に具申してきた。このように、アンケート結果は「課題研

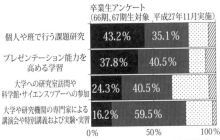

図2　アンケート調査

究」や AL 型授業の有用性について教員に気づかせ、ボトムアップの形で主体的な授業改善を若手の教員中心に広める触媒となった。

② 「学びに向かう力」を育むハートを燃やす体験

着任した14年度から、外部の力を活用した論理的思考力や英語運用能力を鍛える多様なプログラムを希望者に校内や海外の大学で実施している。外国人大学生リーダーと答えのない問いを英語で議論する過程で、彼らの多様な考えや志に触れて生徒は視野や可能性を広げ、自分の将来について考え「学びに向かう力」を育んでいく。プログラムの体験にこころを激しく揺さぶられた生徒は、自身の将来の可能性に気づき、親の反対を押し切って自ら学び続け、米国の大学に進学した。教員の想定外の自己実現をするこのような事例は、教員や生徒を大いに刺激し、触発された生徒たちが自らの固定概念を打ち破ろうとし始めている。

③ AL 型授業の導入をマネジメントする

「育てたい生徒像」を明示し、その育成のために、2016年度よりすべての教科で AL 型授業に取り組むことを学校経営計画に記載している。

学校経営計画 学校目標→ 岸高スタイル 教科・学年目標→ 評価育成システム 個人目標

学校全体の目標を個人の目標にリンクさせるために、評価育成システム（大阪府の人事考課制度）を活用している。具体的には、評価育成システムの「授業力」に関する目標を設定する際に、AL 型授業に関する目標の記載をお願いしている。これは、教員が慣れ親しんでいる授業スタイルに変化の波を起こすためであり、AL 型授業に取り組む機会を創出した。また、同じ教科担当者間においては、本校独自の「岸高スタイル」を用いて、学年ごとの３年間を見通した教科学習の到達目標や指導上の重点事項を設定するようデザインしている。

教員は、この順に学校組織の目標を個人の目標にまで落し込むことになる。それぞれの目標を達成できるよう自分の授業等を実践していくと、逆ルートで学校目標である生徒像に到達する。同じ方向にベクトルが合わされ、個人の力が教科の力に、そして学校全体の大きな力として

合流していくようマネジメントしている。

　しかし、本来、授業改善はトップダウンではなく、教員の主体的な取組でなければならない。お互いが切磋琢磨する機会として公開授業週間を設けているが、うまく主体的な授業改善に繋がっていかない現状があった。そこで、京都大学の溝上慎一教授（当時）を招いて「進学校におけるアクティブラーニング」と題して教員研修を行った。2015（平成27）年度の冬のことである。溝上教授が語る社会の変化に伴う育成すべき能力の変化や授業改善の事例などを聞き、教員が気づき、その意識に何らかの変化が起こるきっかけとなることを期待した。

　さらに、主体的にAL型授業に取り組む教員集団を作るために、2016年度は校長マネジメント経費を思い切って投入し、7人の教員を溝上教授がAL型授業を監修する高校に派遣した。ひとりふたりの教員では、個人の体験で留まってしまう可能性が高いと考えたからだ。また、AL型授業を広めるキーパーソンになる教員たちを参加させたいと考えた。すべての教員に周知することも重要だと考え、参加者を公募した後、校長が個別に声掛けをした。AL型授業に関心がある教員たちが、集団で他校の事例を直接見ることで刺激を受け、抱いた個々の思いを共有することができた。主体的なAL型授業の実践が、点から、その集合へと移行する大きな機会となった。また、溝上教授を招いて、2017年度は「理数物理・英語Ⅰ」、2018年度は「数学Ⅰ・日本史・国語総合」の研究授業・協議を行なった。なお、企画運営は教職10年目の教員に任せている。

（3）結果と展望

　日々の授業が学校生活で最も多くの時間を占めている。だからこそ、授業の在り方が生徒の育成に最も重要な鍵を握っている。

　授業改善の評価指数として、授業アンケートを用いている。図3のように『授業内容に興味関心を持つことができ、知識技能が身に付いたと感じている』生徒が増えてきている。自由記載では、注入型授業への不満等も散見され、生徒の意識の変化に繋がってきていると捉えたい。

Q：『授業内容に、興味・関心を持つことができたと感じている』と
『授業を受けて、知識や技能が身に付いたと感じている』
A：～これら２項目の学校平均～　（４段階の評価　満点が４）
2015年3.04　→　16年3.06　→　17年3.08　→　18年3.15

図３　授業アンケート

溝上教授の「いい生徒で落ち着いた授業ができているのに、なぜ、AL型授業なのか？」という問いには、「自分の頭で考えていない受け身のままの生徒が一定数いる。心を揺さぶるような気づきや学びたいという欲求が刺激されずにいる。多くの生徒が、敷かれた受験勉強レールに乗っかっている。これでは、高校での学習とは言えない。「なぜ？なんだろう。もっと知りたい。もっと伝えたい。」という気持ちが、生徒の心に芽生える授業を、先生方が生徒と一緒に作ってほしい。」と回答をしている。溝上教授も「生徒が教師の設定する枠を超えていく学びを、進学校のAL型授業では求められる。」と指摘している。

授業は知識の習得を大事にしながら、生徒が興味を持って自らの頭で考え、自らの考えを様々な手法でアウトプットすることで、自らの理解を深めていくよう工夫されるようになってきたと実感する。

今後の課題は、生徒が自ら学びの枠を越えて学べるような授業へとそれぞれの教員が自ら改善していくことである。教員の想定内に生徒を押し込めるのではなく、可能性に気づき自ら学び続け、米国の大学に進学したあの生徒のような生徒たちが育つような授業を期待している。

3．導入のためのポイント

①社会の動きや組織の課題を俯瞰する

先行きが不透明な現代社会において、学校経営には校長の先見性と先進性が不可欠であり、社会の動きや組織の課題を俯瞰する力量が求められる。また、リーダーである校長自身が意識を改革し自己研鑽することが肝要である。時にはトップダウンで校長が機会を創り出し、停滞した組織に揺さ振りをかけることも経営戦略として有効であると考えてい

る。迅速に、まず第一歩を踏み出すことで次なる機会を呼び込む。新た
に派生してくる機会も機を逃さず、次のビジョン構想の機会としている。

②「育てたい生徒像」・仮説・エビデンスベース

　本校の場合、SSH・GLHS のミッションや Society5.0社会を見据えた
「育てたい生徒像」を明示している。これを基に学校経営計画を策定して
いくが、ブレずに多様な経営戦略を打ち出すために生徒育成の仮説を立
てている。また、成果の評価は単年度だけでなく、図3のように経年変化
も追いたい。教員が達成感を持って授業実践できるエビデンスになる。

③人事考課制度を使った教員の意識改革

　図2のように、学校組織目標と個人目標のベクトル合わせに人事考課
制度を用いている。目標設定の際は、すべての教員に AL 型授業の取組
みの記載をお願いしている。さらに、授業力を強化するための工夫の1
つとして、教科で目標設定をすることを求めている。教科で議論するこ
とで、生徒への理解が深まり授業の課題を意識できるだけでなく、様々
な経験値の教員間の相互研修の場にもなっている。また、教科ごとの振
返りの機会も設定し、その進捗状況はすべての教員で共有している。

④トップダウンからボトムアップへ

　授業改善は、本来、教員が主体的に取り組まねばならないが、授業の改
善やパラダイム転換は教員だけでは難しい。そのきっかけを校長が仕掛
け、さらにボトムアップの流れを創出したい。本校では授業改善にすべ
ての教員が取り組めるよう人事考課制度もきっかけにし、ボトムアップ
の流れは、それを牽引する「核となる教員集団」を作ることから開始した。

⑤外部の教育力の活用する（SSH や GLHS 事業、先進事例の視察など）

　学校の現場という閉ざされた空間では気づきの機会が限られ、教員が
自ら意識を変えることは難しい。図1で示すように、外部要因が授業改
善へと導く。つまり、意識変化は外部の否応ない要請で起こりやすいと
考えている。未知のスタイルの教育力に触れることで、教員が授業の在
り方を振り返り、授業力を強化する絶好の機会となり得る。

全教員で取り組む
指導力向上をめざした研修

牛来峯聡

明法中学・高等学校校長／前東京都立町田高等学校校長

1. 学校概要

　本校は、1964（昭和39）年4月に創立し、現在、中学校は6クラス、高校は17クラスからなる中高一貫教育校である。高校は、2019（平成31）年度から女子生徒を入学させ、男女共学化がスタートした。女子生徒の入学により、新しい文化・伝統が本校の中で生まれ育ってきている。

　本校の建学の精神は、「社会のため、国家のため、人類のために役立ち、世界平和に貢献できる人間の育成（抜粋）」である。このことを教育の不易とし、卒業後に社会でしっかりと活躍できるように、着実に歩み続けていける生徒を育成している。そして、本校が大切にしている教育には、「本物に触れる教育」、「少人数教育」、「社会や世界に貢献できる教育」、「個性を伸ばす教育」、「生きて働く本物の学力を高める教育」があり、開校以来大切にしてきた伝統の教育である。

　特色ある教育活動として、中学では、生徒の夢をかなえ、21世紀を自立的に生きる人材を育成するために、3つの教育を推進している。「体験活動などを通して最後までやり抜く力を身に付け、挑戦する教育」、「世界を舞台に社会での活躍を目指す国際理解教育」、「科学的思考と問題解決力を磨くサイエンス教育」である。高校では、世界に挑む日本人の育成プログラムとして、国際教育（GSP：グローバル・スタディーズ・プログラム）を推進し、「英検準1級以上の取得」、「3か月間のターム留学」、「21世紀型スキルの修得」などに取り組んでいる。

2. 教育課題に果敢に取り組む校内研修

(1) 本校の課題

　本校の課題は、組織的な研修体制で人材育成を図っていくことにある。そのためには、学校経営マネジメントの確立を図りながら、長期的に人材育成に取り組み、本校の特色ある教育活動をさらに伸長させ、教育課題に果敢に取り組むことができる人材を育成していかなければならない。

　学校経営マネジメントの一つに「教育内容と教育活動に必要な人的・物的資源等を、地域等の外部の資源も含めて活用しながら効果的に組み合わせる」がある。本校では、特に、この点に力点をおいた学校経営を推進するために、年間計画に基づいた校内研修を推進し、人材育成を図っていくこととした。ここでは、「全教員で取り組む指導力向上を目指した研修」について紹介する。

(2) 課題解決のための学校経営上の方略

　本校には、大学入試改革、新学習指導要領への対応、探究活動の理論と実践、ICTを活用した先進的な教育の推進、授業改革、グローバル人材の育成など様々な教育課題がる。

　これらの教育課題に取り組むために、今回の推進計画では管理職が中心となって推進する「年間校内研修計画」の企画、外部講師の人選を行い、次の①から③の方針で校内研修を推進することとした。

①本校には、常勤の専任教員、非常勤の講師等を併せて約80名いる。この校内研修では、常勤教員だけではなく、非常勤講師も対象とし、学校全体としての教育力を高める研修にする。
②理論的な研修だけではなく、実践例を豊富に有する外部人材を活用した研修とし、教職員との協議時間や振り返り時間を確保する。
③校内研修で学んだことを参考に、自ら実践的な教育活動を行い、成果や課題を実践的に発表してもらう研修にする。

2019年度の年間校内研修計画の概要は次のとおりである。

実施日	研　修　内　容	講　師
6/19	○ ICT 研修（クラウドの活用）、校務の効率化を図る事例研修	外部講師
7/26	○高大接続改革・大学入試改革（大学共通テスト等） ○ e-Portfolio	外部講師 管理職
8/24 午前	○探究活動（探究活動の実践報告・実施方法等に関わる研修） ○本校の教育課題（共学化の課題、防災教育）	外部講師 本校教員
8/24※ 午後	○良い授業の条件とは /AL（アクティブラーニング）による授業改善　　［※主として講師等を対象］	管理職
8/30※ 午前	○ ICT 研修（電子黒板 & Chromebook の活用方法）　　　　　　［※主として講師等を対象］	管理職
9/11	○ AL 研修（「一人ひとりの生徒をアクティブにさせるための指導方法等の改善」）	外部講師
10/9	○ ICT 研修（クラウドの活用）、グループ研修、事例研修	外部講師
11/20	○ AL 研修（主体的で対話的で深い学びに向けた実践的な AL による指導方法）、本校教員による実践発表・協議・講評	外部講師 本校教員
12/13	○探究活動講演会（探究活動とは、「問い」の立て方、探究活動の進め方）　　［生徒・教員対象］	外部講師
1/15	○ ICT 研修（事例報告、電子黒板他） ○本校の ICT 推進計画	外部講師 管理職

※主に非常勤講師対象（全ての研修に非常勤講師も参加可能）

このように年間で10回の校内研修を通して、教職員自らが課題意識を

もち、研究と修養を深め、自らの実践力を高めることにある。忙しい教職員を集合させ、校内研修を実施することの意義は非常に大きい。

　次に、上記研修のいくつかの事例について紹介をする。

【事例1】高大接続改革・大学入試改革（大学共通テスト等）

（1）テーマ

　「高大接続改革・大学入学者選抜改革等へ対応した高校教育の在り方について」

（2）実施目的

　高等学校教育改革、大学入学者選抜改革、大学教育改革が進行中している中、各大学においては3つのポリシーに基づいた大学改革に取り組み、大学が求める学生像を明確にするなど、大学入学者選抜改革が確実に進行している。

　また、各大学はポートフォリオによる「主体性評価」などについても導入に向けて、検討や準備している。こうしたことを踏まえ、本校は大学入学者選抜改革等によって、今後のどのような学習指導や進路指導等を行っていく必要があるかについて協議を深め、本校の学習指導や進路指導等の在り方及び指導方法の改善に向けて取り組む。

（3）研修の工夫

　この研修では最新の情報に基づいた内容を整理して研修を行うとともに、制度の理解や自校の教育活動の改善点を把握させる。

【事例2】探究活動（探究活動の実践報告・実施方法等に関わる研修）

（1）テーマ

　「探究活動の実践的な指導方法等について」

（2）実施目的

　「総合的な探究の時間」の目標を踏まえ、本校の「探究活動」で育成したい資質・能力（以下の①～③）について協議を深め、探究する資質・能力を高めための指導方法の工夫や、主体的に探究しようとする実践力

の工夫について、理解を深める。

①　探究の過程において、課題の発見と解決に必要な知識及び技能を身に付け、課題に関わる概念を形成し、探究の意義や価値を理解するようにする。

②　実社会や実生活と自己との関わりから問いを見いだし、自分で課題を立て、情報を集め、整理・分析して、まとめ・表現することができるようにする。

③　探究に主体的・協働的に取り組むとともに、互いのよさを生かしながら、新たな価値を創造し、よりよい社会を実現しようとする態度を養う。

（3）研修の工夫

　探究活動への理解が不十分であることから、中心となる推進組織をつくり、年間指導計画を作成し、全教員で取り組むことを意識させる。

【事例3】AL（アクティブ・ラーニング）研修

（1）テーマ

　「一人ひとりの生徒をアクティブにさせるための指導方法等の改善」

（2）実施目的

　ALとは何か、AL授業の進め方やその効果等について理解を図るため、以下の点について研修を深める。

①主体的・対話的で深い学びであるALの指導方法について学び、授業改善に結び付ける指導方法を学ぶ。

②ALの視点（主体的・対話的で深い学び）に立って、育成すべき資質や能力に対する理解を深める。

③ALの指導方法における課題や成果等に対する情報を共有し、実践的な取組を通して学力向上に資する。

　特に、

（ア）ALの授業で本当に授業を理解ができるのか。

（イ）ALの授業は授業内容の理解に効果はあるのか。

（ウ）従来型の講義形式の授業で良いのではないか。

（エ）AL の授業をやりたいが、どのように授業をすすめたら良いか分
からない。

（オ）AL の授業は準備が面倒で毎日行うのは大変である。

（カ）グループワークでは生徒間で雑談になり、授業にならない。

などの本音の疑問に応える研修会の場とする。

(3) 研修の工夫

　AL については、面倒な指導方法という考えがあり、また具体的な指導
方法への理解不足があることから、研修後に質問時間を多く設定する。

(3) 結果と展望

　自校の教育課題全体ついて、全職職員を対象に校内研修を推進する意
義は大きい。研修時間の確保、講師の選定、研修計画の企画・実施など
の学校運営上の課題を乗り越え、計画的に校内研修を推進し、人材育成
を図ってきた意義は大きい。今後の展望としては、得意分野をもつ教員
の育成を行い、リーダー層となる教員が講師となって校内研修を推進
し、学校全体の活性化を図ることにある。

3．導入のためのポイント

　校内研修は、学校の教育課題を解決するための最も有効な研修であ
る。外部講師も活用しながら、管理職自身や校内のリーダー層が校内研
修の講師となり、全体研修、グループ研修、事例研修、実践報告、模擬
授業など様々な校内研修の手法を取り入れて校内研修を計画的に推進す
ることがポイントである。また、これからの学校経営においては、①社
会との連携及び協働によりその実現を図っていく「社会に開かれた教育
課程」の編成、②「育てたい生徒の資質・能力」の明確化、③学校教育
目標を実現するためのカリキュラム・マネジメントによる学校経営など
と連動させながら、校内研修を推進していくことにより、各学校がもつ
教育課題の解決や教員の指導力向上に結びつくようにする必要がある。

地域との連携を深める
～高校におけるコミュニティ・スクールの実践を通して～

西村和彦

山口県教育庁理事／前山口県立宇部高等学校校長

1．学校概要

　本校は1919（大正8）年、我が国で最初の村立中学校として設立され、時代のうねりの中、幾多の変遷を経て1950（昭和25）年に山口県立宇部高等学校となった。2019（令和元）年には創立百周年を迎えた地域の伝統校である。学校教育目標は「文武両道の学びの中で『知・徳・体』を磨き、自信と誇りをもって社会に貢献できる人材の育成を図る」であり、ノーベル生理学・医学賞を受賞された京都大学高等研究院の本庶佑特別教授をはじめ、45,000人を超える有為な人材を輩出している。

　現在、700人を超える生徒が、普通科、人文社会科学科並びに自然科学科で学んでいる。生徒の大多数が大学進学を希望し、令和元年度末卒業者では、国公立大学合格者数が全体の67％を超えた。部活動には90％を超える生徒が加入し、活発に活動している。2007（平成19）年度から令和3年度までスーパーサイエンスハイスクールの、2014（平成26）年度から2018（平成30）年度まではスーパーグローバルハイスクールの指定を文部科学省から受けている。

2．学校運営協議会を活用した本校のミッション探索と共有

　山口県では、「学校教育が抱える課題が一層複雑化・多様化する中、それらを学校だけで解決するのは困難な状況になってきており、学校・家庭・地域が連携・協働し社会総がかりでの教育を実現するために、『やま

ぐち型地域連携教育』の核となるコミュニティ・スクールを推進し、子どもたちの豊かな成長につなげていきたい」という考えの下、平成28年度にすべての市町立小・中学校にコミュニティ・スクールが導入された。同年度には県内三つの高等学校にはじめてコミュニティ・スクールが導入され、令和2年度にはすべての高等学校がコミュニティ・スクールとなる。本県における高等学校のコミュニティ・スクールは、各学校のテーマに応じて、広く大学や企業、関係機関等と連携し、学校や地域の課題解決を図る「テーマ型コミュニティ・スクール」と位置付けられている。

　本校でのコミュニティ・スクールの導入は平成30年度からであり、学校運営協議会の委員は13人で構成され、そのうち9人が本校の卒業生であることは地域の伝統校としての特長と言えるだろう。

(1) 本校の課題

　本校に対する地域社会の期待は、生徒の希望する進路の実現が中心的なものであると認識している。それに加えて、学校教育目標にも掲げる文武両道の実現も強く求められている。また、地方創生の視点に立てば、地域社会を活性化する拠点としての役割も今後一層求められるだろう。

　これらの期待に的確に応えるため、これまでも校内での教育活動を充実させながら、生徒による市政への提言や地域でのボランティア活動等を積極的に行ってきた。同時に、学校WebページやPTA広報誌等を通した情報発信も行っている。しかしながら、学校行事や校外での活動等について、マスメディアで取り上げられるものは地域住民に断片的に認知されるが、本校の教育活動全体の体系的な理解にまでには至っていない。また、学校Webページ等での発信が、本校生徒とその保護者、同窓生も含めた地域住民はもとより、本校で学ぶことをめざしている中学生やその保護者等のステークホルダーへの有効な発信かどうか、正確に把握できていないという課題がある。このことは同時に、ステークホルダーのニーズも踏まえた本校のミッションを正確に把握し、それを校内で共有できているかどうかということにもつながる。

（2）課題解決のための学校経営上の方略

　山口県のめざすコミュニティ・スクールの機能には「学校運営」「学校支援」「地域貢献」の三つがある。これらについて、山口県教育委員会の「やまぐち型地域連携教育」Web ページには以下のように示されている。

　一つ目の「学校運営」については、学校運営基本方針の承認や学校運営に関する意見等、法的な根拠に基づく役割に加えて、学校を開き熟議により課題を共有し、解決に向けて地域と一緒に取り組むことや、学校運営協議会において学校評価を有効に活用し、学校運営の改善を図ること、また、学校運営協議会委員の参画による授業参観や評価により、教職員の人材育成を行うことが示されている。

　二つ目の「学校支援」については、学校・家庭・地域で学校課題や目標等を共有し、教育支援活動を充実させることや、地域のネットワークを生かし、より多くの地域住民や保護者の参画による教育支援活動を展開し、子どもの豊かな体験や学びにつなげること、また、学校の様々な活動を地域のボランティアが支援することで、教員が子どもと向き合う時間の確保につなげることが示されている。

　三つ目の「地域貢献」については、子どもが地域行事やボランティア活動に参加することにより、地域の大人とふれあう機会や多様な経験をする機会を増やすことや、学校という場を地域住民の経験や学習の成果を生かす場、大人の学びの場にしていくこと、また、学校という場が地域住民のよりどころとなり大人同士の絆を深めていくことが示されている。

　これらについて、県内の小・中学校では優れた先行実践が行われているが、高等学校ではこれから本格化していく段階である。昨年度の本校の学校運営協議会では、学校の教育活動や地域貢献等に関する説明、また、学校評価に基づいた学校運営に関する意見交換等を行っているが、限られた時間の中、会議形式で行っており、協議会委員に対して一方的な説明で終わってなかっただろうかという不安もある。そこで、学校運営協議会委員と本校の教職員との双方向の意見交換をより充実させ、そこから本校

のミッションを改めて探索し共有するため、今年度は熟議を実施することとした。熟議を通して表出され共有された本校のミッションは、ステークホルダーに対する有効な情報発信の根拠になると考えている。

(3) 結果と展望

　今年度の学校運営協議会は、昨年度と同じく年間３回実施した。熟議については、年度当初から第２回の協議会で実施することを予告し、教頭２人と戦略を共有しながら計画的に準備を進めた。熟議の具体的な状況については後述するが、今年度の協議会の概略は以下のとおりである。

　第１回は６月に実施し、学校概要の説明、学校運営方針の報告・承認、学校運営協議会の年間実施計画、学校評価書の説明等を行った。第２回は９月に実施し、今年度内に策定する必要があった部活動活動方針案の承認、学校支援・地域貢献の取組報告と今後の取組予定の説明等を行った。また、計画どおり協議会委員と本校教職員による熟議を実施した。第３回は１月に実施し、９月以降の学校支援・地域貢献の取組報告と今後の取組予定の説明、第２回協議会で委員から提言のあった中学校での学習支援ボランティアの実施計画の報告、学校運営状況の報告、そして、学校関係者評価を実施した。また、令和２年度学校運営方針骨子案を提示し承認された。さらには、今年度新たに、人文社会科学科と自然科学科生徒による課題研究に関するプレゼンテーションを行い、生徒の学習の成果を直接知ってもらう機会とした。

　次に、第２回の協議会で実施した熟議の具体的な状況は以下のとおりである。熟議には学校運営協議会委員11人、本校の分掌主任８人、事務長にファシリテーター４人を加えた合計24人が参加し、四つのグループに分かれて「宇部高生がイキイキと輝く高校生活を送るために」というテーマで熟議を行った。敢えて漠然としたテーマを設定したのは、参加者がそれぞれの立場から自由に意見が述べられると考えたからである。

　このたび熟議を実施するに当たって工夫したのが、熟議の参加者のコミュニティ・スクールに対する理解を深めるための講義の実施と、熟議

を効果的に行うためのファシリテーターの活用である。講師は山口県の地域連携教育エキスパートでもある山口大学教職大学院教授に依頼し、ファシリテーター４人のうち２人は、同教職大学院学校経営コースへ派遣されている高等学校と小学校の現職教員に依頼した。残り２人のファシリテーターは本校の教頭２人が務め、校長は教職大学院教授とともに、全体をコーディネートした。

　熟議で交換された意見はＫＪ法によりとりまとめ、グループ毎に発表した。発表後に、全体のまとめを教職大学院教授にしていただいた。はじめての試みであったが、協議会委員も本校の教職員も、それぞれの立場で遠慮することなく意見を交換しており、協議会委員からは保護者としての、また、地域住民や卒業生としての本校に対する熱い思いをうかがうことができた。そして、教職員が本音で語ることにより、本校の特色や強みだけではなく、本校が抱えている課題についても参加者全員で共有できたことは大きな収穫であった。また、学校運営の要となる主任層がいわゆる「外の風」にふれる機会をつくることができたのも、今後の学校運営の充実につながると考えている。

　さらには、熟議を第２回協議会で実施したことは、第３回協議会の協議内容の充実にもつながった。とりわけ次年度の学校運営方針骨子案については、協議会に先立って送付した骨子案に対して素早い反応があり、協議会開催前から多くの有為な意見をいただくことができた。これは熟議を通して本校の教育活動全般に対する協議会委員の理解が一層深まった成果によるものであると確信している。次年度以降も熟議を継続して本校のミッション探索と共有を続けることで、ステークホルダーへの効果的な情報発信にもつなげていきたい。

３．導入のためのポイント

　学校が新たな取組を始めたとき、その取組の成長期間は概ね15年間という考え方がある。本校の直近15年間を振り返ると、現在も継続してい

るスーパーサイエンスハイスクールは平成19年度から13年目の取組であり、その他、平成26年度から5年間のスーパーグローバルハイスクールの指定、平成27年度からの単位制の導入、2017（平成29）年度には県内初となる人文社会科学科と自然科学科の設置など、時代に先駆けた新たな展開を積極的に教育活動に取り入れている。

　学校経営の観点から、本校の各取組が成長段階にあるのか、あるいは減退期を迎えているのか、校長として常に見極める必要がある。また、たとえ減退期にあったとしても、自校のミッションと直結する取組については、教職員のベクトルをあわせて再加速していくのが校長としての責務である。

　学校という組織は、定期的な人事異動もあり、新たな取組の導入当時の理念を知る教職員は一定の時間が経過すると減少する。そして、導入当時の理念を理解し共有している教職員の割合が組織内で小さくなると、いくら優れた取組であっても、組織全体としての取組姿勢の減退につながる可能性がある。

　そこで、個々の教職員が有している本校の各教育活動に対する暗黙知を表出させて形式知とし、それらを統合して新たな知識を創造し、組織全体で共有することが必要となってくる（参考文献『知識創造企業』野中郁次郎・竹中弘高著、梅本勝博翻訳、1996年、『知識経営のすすめ－ナレッジマネジメントとその時代』野中郁次郎・紺野登著、1991年）。このことにより、個々の取組に新たな価値を付与して教職員のモチベーションを向上させることで、次の成長の局面へと移行させることができるのではないだろうか。今年度、第2回の学校運営協議会で実施した熟議は、こうしたプロセスを実現できる場として企画したものである。

　山口県の高等学校におけるコミュニティ・スクールは、まもなく全県的な取組として充実していく。地域とめざす方向性を共有しながら学校が成長していく基盤づくりの有為な場となるよう、これからも様々な工夫をしながら学校運営協議会の改善・充実を図り、本校教育のさらなる発展につなげていきたい。

新しい家庭・福祉高校の学校づくり
～福祉国家を支える人材育成の実現をめざして～

富川麗子

東京都立家庭・福祉高等学校（仮称）　開設準備室担当校長

1. 学校概要

　都立高校改革推進計画において、社会の変化と期待に応える人材の育成を推進するため、専門高校における教育の内容の充実を図ることが求められている。家庭・福祉高校（仮称）の設置により、人の心を豊かにする食の追求をする調理師の養成及び現在の日本が抱える大きな課題である少子高齢化に対応する保育人材や介護人材の育成が期待されている。

　家庭・福祉高校（仮称）開設準備室は、2021（令和3）年4月の開校に向けて、2019（平成31）年4月1日に都立赤羽商業高校内に開設した（令和2年4月1日からは、改修工事のため開設準備室を東京都立高島高等学校内に移転）。家庭分野、福祉分野のスペシャリストを育成する家庭・福祉の専門学科高校として開校する学校である。この学校は、北区西が丘にある元東京都立赤羽商業高等学校をリニューアルして開校する。

　家庭・福祉高校は、家庭学科、福祉学科二つの学科を兼ね備えた都立で初めての学校となる。卒業と同時に調理師の資格の取れる調理科、介護福祉士国家試験受験資格を得ることができる介護福祉科、幼児教育・保育系や栄養・健康系の上級学校への進学を目指す人間科学科を設置する予定である。なお、学校名、学科名等は現在、仮称である。

　目指すのは、福祉国家を支えるグローバル人材の育成。コンセプトは次の3点である。

　第一は、家庭分野、福祉分野のスペシャリストの育成である。調理師

と介護福祉士の二つの養成施設の設置、また、人間科学科では、幼児教育・保育系や栄養・健康系の上級学校への進学を目指したカリキュラムの編成を現在、開発中である。

　第二は、探究的な学習を通じて、分析力、実践力、表現力を育成し、総合型選抜（旧AO入試）による上級学校への進学の実現を図ること。また、東京の地の利を生かした大学等との連携を進めていくことである。

　第三は、地域との連携である。企業等におけるインターンシップや実習、「親子サロン」や「高齢者ふれあいカフェ」等の運営を通し、地域とともに生徒を育成する取組を行うことである。

　家庭・福祉高校は、令和に入って最初に開校する都立高校で、現在の中学３年生が第１期生となる。現在、開設準備室のスタッフは、東京都教育委員会や関係機関等と連携し、新たな専門学科高校を創っていこうと意欲的に取り組んでいる。

2．二つの養成施設の設置及び人間科学科（仮称）の設置

(1) 開校に向けての課題

①養成施設の設置

　学校を創っていくためには、管理運営に関する業務、入学者選抜関係、教育課程関係、生活指導・進路指導関係、PR活動関係、施設・設備関係、事務関係（初度調弁・既設校との調整・工事や移設計画等）、設置委員会関係（教育委員会との定例連絡会・教育委員会や設計業者等との定例連絡会等）等と業務は多岐に渡る。更に、本校の場合は、二つの養成施設を設置するため、養成施設としての要件を満たすための準備がある。

　設置学科は、下表のとおりである。

家庭学科		福祉学科
人間科学科（仮称）	調理科（仮称）	介護福祉科（仮称）
○幼児教育・保育系 ○栄養・健康系	調理師免許の取得 　　　　　（申請中）	介護福祉士国家試験受験資格の取得　　　　　（申請中）

卒業と同時に「調理師」の資格がとれる<u>調理師養成施設</u>＊が設置される。現在、都立高校においては、府中市（西部地区）の農業高校に食物科がある。また、介護福祉士国家試験受験資格の取れる<u>介護士養成施設</u>＊が設置される。高校3年の1月に国家試験があり、3月に合格発表。合格すれば、「介護福祉士」の資格を得て卒業となる。現在、都立高校においては、町田市（西部地区）の野津田高校に福祉科がある。（＊申請中）

　調理師養成施設は、福祉保健局への申請、介護士養成施設は、関東信越厚生局への申請が必要で、養成施設指定には、下表の基準を満たすことが必要となる。

	調理師養成施設	介護士養成施設
教育内容・授業時間数	「食生活と健康」、「調理実習」等960時間	「生活支援技術」、「介護実習」等1855時間（施設実習50日以上）
施設	調理実習室（2）、総合調理実習室、試食室　他	入浴実習室、介護実習室　他※普通教室は生徒一人×1.65m²以上
機械、器具等	冷却用機器、加熱調理機器　他	実習用モデル人形、移動用リフト　他
教員	家庭科の教員免許を有し、調理師であって5年の実務経験を有する者　等	福祉の教員免許、介護福祉士と看護師の資格を有し5年の実務経験を有する者　等

②教育課程の編成

　開校は、令和3年のため、現行学習指導要領（1期生）と新学習指導要領（2期生以降）に添った二つの教育課程を編成する必要がある。

　入学してくる生徒は、多様化していることが想定できる。学力や進路、人と関わる力等を教育課程の編成・実施を通して高めることが必要である。また、本校は、専門学科高校のため、キャリア教育も重要であり、特に家庭や福祉の学部等を設置している大学との連携が必要である。

(2) 課題解決のための学校経営上の方略

①養成施設設置に向けて

　開設準備室1年目に、調理師養成施設の仮申請及び介護福祉士養成施設の計画書を提出した。

　特に、介護福祉士養成施設の計画書提出にあたっては、3年間で50日

以上の施設実習が必要なため、施設実習の受入先の開拓に力を注いだ。
4月当初に、文部科学省、関東信越厚生局の担当者から指導・助言を受け、都立高校をはじめ、関東地区の先進校視察を行うことからスタートした。また、東京都社会福祉協議会、近隣区の社会福祉協議会等を訪問し、各区の施設長会で新設校についての説明及び施設実習の受入れの依頼をするなど行った。その後は、担当者である主幹教諭が各施設に連絡、訪問し、各施設への説明、施設見学、書類の依頼等を行った。

　いずれの施設も、本校が開校することへ期待を示し、施設実習の受入れ先として協力することを快諾してくれた。その数、57施設である。

②上級学校への進学を考慮した教育課程の編成

　教育課程編成の基本方針は、次の通りである。

（ア）　養成施設として、資格取得に必要な科目及び時間数を配置する。
　　（調理科・介護福祉科）

（イ）　人間科学においては、専門科目の単位数を26単位とし、普通教科の基礎・基本の習得を図る。

（ウ）　進学対応の視点から、選択科目に普通教科を多数配置。また、演習科目を入れ、受験対策を図る。

（エ）　幼児教育・保育系の生徒でも栄養系、他が選択できるよう、また、栄養・健康系の生徒でも幼児教育・保育系、他が選択できるよう選択科目を設定。

（オ）　特色ある教育課程として「探究ゼミ（学校設定科目）」を設定。特に新学習指導要領において、1年生における「家庭総合」のホームプロジェクトや学校家庭クラブ活動、「情報Ⅰ」、「総合的な探究の時間」、「人間と社会」で探究学習の基礎力を付けて、2年生、3年生の「課題研究」につなげていくことに加え、「探究ゼミ」を設定し、得意分野を育成し、論文等にまとめ、総合型選抜（旧AO入試）等に生かしていく。
　　人間科学科では、英語は3年間で全員が11単位。選択科目で履修することで最大15単位履修することができる。また、数学は、3年間で全員

が5単位。選択科目で履修することで最大13単位履修することができる。上級学校への進学を見据えて、普通教科の基礎・基本を学べるよう工夫している。一方、専門科目については、幼児教育・保育系、栄養・健康系で、それぞれ専門的な知識と技術が身に付けられるよう、2年生、3年生で系統的に各科目を学んでいく。

(3) 結果と展望

　調理科は規定の授業を受け、技術の習得をしたことが条件で卒業と同時に調理師の免許が取得できる。また、福祉科は規定の授業時間と3年間で50日以上の施設実習等で国家試験受験資格を取得できる。

　両科及び人間科学科は、実習が多く、実習ノートの提出が課せられる。そのため、記録、メモ、ノート、レポートを書く力が重要となる。また、実習が多いことから、チームワークが必要となり、誰とでも働くことができる力を育んでいく必要がある。更に、人の命に関わる仕事のため衛生管理が重要で、一般衛生管理や5S（整理・整頓・清潔・清掃・整備）、体調管理に注意を払うと共に、倫理観の育成を図っていくことが必要である。重ねて、人に関わる仕事のため、身だしなみが大切である。

　養成施設は、条件整備が厳しいが、高等学校を卒業すると同時に、国家資格を得ることができる。更に上級学校に進学し、栄養士や管理栄養士、社会福祉士や看護師の資格を取得すれば、複数の資格を有し、その分野における指導的立場に立つなどプロフェッショナルな人材となることが可能となる。また、専門職は技術が身に付くまで時間がかかると言われている。そのため、早いうちからの学び、実践、経験をすることの重要性を中学生に伝えていくことが必要である。

　また、人間科学科においても、保育士や栄養士等への興味・関心を高める科目を高校で学ぶことにより、専門的な知識の基盤をつくることができ、大学の授業の基礎科目への導入がスムーズになるようにするとともに、課題研究の大元であるホームプロジェクトや学校家庭クラブ活動を中心に、探究型学習の充実を図り、主体的に課題解決を図る実践力を

育成する。

3．導入のためのポイント

　今ある職業の45％はロボットやAIに取って代わられると言われている。しかし、「人工知能やロボット等による代替可能性が低い100種の職業」（出典：株式会社野村総合研究所）であげられている中の10の職業、例えば、料理研究家、保育士、理学療法士等は、これから創っていく家庭・福祉高校（仮称）で学んだ先にある職業となっている。社会構造や雇用環境が大きく変化し、急激な少子高齢化が進む中では、一人一人が持続可能な社会の担い手となっていく必要があるが、家庭・福祉高校（仮称）は、まさに家庭分野、福祉分野のスペシャリストになれる学びを提供していく学校といえよう。

　また、「令和元年度　全国高等学校長協会家庭部会　第122回　研究協議会（秋季）北海道大会」において、文部科学省の家庭科の市毛教科調査官の講演の中で、パナソニックのビジネスイノベーション本部長の馬場渉氏が、令和元年10月９日に開催された日経×TECH EXPO 2019の特別講演で「令和の学問で最も重要なのは『家庭科』」と講演されたことの紹介があった。「家庭科は、衣食住はもちろん、時間やお金の使い方、地域社会、環境、エネルギー、介護、子育て、家族と家庭など、非常に多岐にわたる生活そのものの学習体系になっている。米国ではシリコンバレーなどでホームエックを勉強するべきだと言われだしている中で、日本は家庭科といういいフレームワークを持っている。」と語っている。産業界からも注目される家庭科教育をさらに充実させ、新しい時代に必要となる資質・能力を育成することに自信をもって取り組んでいく。

　本校を卒業した生徒が、修得した資格、身に付けた知識・技術・感性を生かして、自分自身の一生を充実させるとともに、周りの人も幸せにできる人材育成を目指して、開校まで残された時間の中で、開設準備室のスタッフ一同で、専門学科高校の魅力を発信し、準備を進めていく。

小規模校の特色を生かした
高校魅力化の取組
～自治体と連携した取組～

志波英樹

島根県立矢上高等学校校長

1. 学校概要

　島根県立矢上高等学校は、中国山地の山間にある邑南町唯一の高校で、全校生徒約250人の小規模校である。創立70余年の歴史と伝統があり、地元住民には矢上高校出身者が多く、地域からの愛着と期待は大変大きいものがある。現在の定員は1学年95名で、その内訳は普通科60名（30名×2学級）、産業技術科35名（35名×1学級）である。普通科は2年次より探究コース・総合コースに分かれ、進路先は国公立大学・私立大学・専門学校・就職と幅広い。産業技術科は2年次より植物コース・動物コース・工業コースに分かれ、進路先は私立大学・専門学校・就職が多く、農林大学校へ進学する生徒も毎年数名いる。

　平成20年代、生徒数の減少と学校の統廃合危機が進んだ島根県では、全国に先駆けて「離島・中山間地域の高校魅力化事業」に着手し、矢上高校もその対象校として魅力化事業に取り組むこととなった。高校魅力化は、学校と自治体が経営資源（人・モノ・カネ・情報・時間）を共有し、中長期ビジョンに基づき、学校教育に必要な資源を選択・集中させることである。矢上高校は、2015（平成27）年に地元自治体の邑南町とともに「矢上高校将来ビジョン」を策定し、入学者数の安定的確保、教育内容の充実、未来をつくる人材育成などの目標を掲げて魅力化・特色化を進めている。

2．高校魅力化の取組

(1) 本校の課題

　人口減少は、過疎が進んだ島根県の離島・中山間地域において顕著で
あった。県内中学校卒業生は、1989（平成元）年度約12,600人をピーク
に、以降急激な減少に転じ、平成30年度約6,200人まで半減している。邑
南町においても同様で、町内中学卒業者は平成17年度141人から令和元
年度72人と半減し、町内出身者の入学者も減少している（図1）。

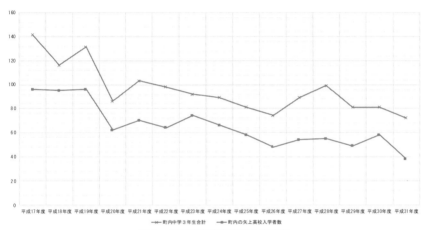

図1　町内中学卒業生と入学者数

　生徒数の減少は、単なる入学定員、学級減、統廃合だけに影響を与え
るわけではない。入学定員が120名から90名へ削減された平成26年度以
降、教員数も段階的に5名の削減となった。矢上高校においては、3学
級の維持が優先されたことで、1人当たりの教員の業務が必然的に増大
することとなった。さらに、生徒数の減少は自治体にも影響を与えるこ
とになる。特に高校などの教育機関が統廃合されたことで子育て世代が
地域を離れた市町村もある。その他、学校経営上の課題は所在する自治
体に影響を与えることは明白である（次ページの図2参照）。

学校経営上の課題		自治体への影響
1　生徒数の減少	→	定住人口の減少、将来の担い手の減少
2　教職員の減少	→	地域の教育サービス環境の低下
3　教育活動・部活動の減退	→	地域の文化・スポーツの継承機会の減少
4　諸会費収入の減少	→	地域内で使用される資金の減少、地域内経済の縮小
5　統廃合の可能性	→	Uターン・Iターンの可能性の低下、高校入学段階で町を離れる若者の増加

図2　学校経営上の課題と自治体への影響の関わりについて

(2) 本校の取組

　このような危機感の中、矢上高校及び邑南町では、2011（平成23）年度に矢上高校在り方検討委員会を組織した。在り方検討委員会では、町内中学生保護者、町内中学生、矢上高校生とその保護者へのアンケート調査を実施し、町内外の中学生が憧れ、矢上高校生やその保護者が「入学してよかった」「入学させてよかった」と感じられるような魅力的な高校にするための施策を検討し、提言を行った。さらに、在り方検討委員会の提言を受けて、平成26年度から矢上高校将来ビジョン策定委員会が発足し、学校と町との経営資源を共有した取組を協議、平成27年度末に「矢上高校将来ビジョン」（以下、将来ビジョン）が策定された。

　こうした市町村と県立高校が枠を超えて協働で学校づくりに取り組む動きは矢上高校独自のものではなく、もともとは隠岐島前高校と海士町の協働の取組として始まったものであった。島根県教育委員会は、平成23年度に矢上高校を含む県内8校の3ヶ年の取組を支援する「離島・中山間地域の高校魅力化事業」をスタートさせ、平成29年度まで継続した。以降はさらに対象校を広げ、県内全域で実施されている。

　将来ビジョンは、行政・学校・地元中学校・地域住民からなる「矢上高校教育振興会」が施策の実施主体となり、現在も事業を継続している。具体的施策の柱は次の９点であるが、詳細は次ページに「将来ビジョン実行プラン体系図」を掲載する。

1　情報発信ツールの充実

2　通学バス補助金制度・邑南町研修施設「邑学館」建設

3　県外生徒募集

4　習熟度別少人数指導・個人添削

5　新たなコースの開設（生活と福祉、フードデザイン）

6　邑南町施策（A 級グルメ構想）との連携

7　部活動の活性化、外部指導者の登用

8　応援団の結成、および支援

9　魅力化コーディネーターの配置

（3）成果と展望

　これらの施策は学校と自治体が協働し、小規模校のデメリットを最小化し、小規模校のメリットを最大化させる学校経営方略であり、５年間を通じていずれも具体化・実現した施策であった。魅力化事業の結果、志願生徒数の増加や定員の一部回復などの成果につながった。令和２年度から文部科学省の「地域との協働による高等学校教育改革推進事業」を受託して「おおなん協育プロジェクト」が始動し、次の５年間の新将来ビジョンの策定及び魅力化事業を運営するためのコンソーシアムの構築も行う予定である。これまでの地元自治体との連携を財産に、地元企業や大学等との連携を視野に入れた構想である。今後も、地域に必要とされ、地域とともに発展する学校として歩み続けていきたい。

矢上高校将来ビジョン実行プラン体系図

基本方針

①矢上高校の永久存続を目指す。

②普通科、産業技術科それぞれの特色を活かすとともに、両者を協奏することで特色を出す。

③町内卒業生の入学を促し、町外からの進学者を積極的に誘致する。

④町の施策「日本一の子育て村構想」と「温泉グルメ構想」の理念を前面に出した学校づくりを行う。

⑤グローバルな人材を意識し、第2期しまね教育ビジョン21が示す基本理念「島根を愛し世界を志す豊かな人づくり」を実践する旗艦校を目指す。

重点目標	大項目	中項目	小項目（実行プラン）	取組状況	継続新規事項数	先行実施数
1. 入学者の安定的な確保	(1)情報発信の強化	①情報発信ツールの充実	①-1 マスメディアの活用と広報活動の充実	既存	4	4
		②オープンスクールの充実	②-1 魅力的なオープンスクールの演出	既存	1	1
		③中学校訪問PRの強化	③-1 中学校高校説明会でのプレゼン強化	既存	1	1
			③-2 中学校訪問先の拡充	新規	3	3
	(2)町内中学生の入学率向上	④保護者等との交流促進	④-1 高校と町内中学校PTAとの意見交換会開催	既存	1	1
			④-2 高校PTAと町内中学校PTAの交流促進	既存	1	1
		⑤中高生徒間の交流促進	⑤-1 部活動交流促進	既存	3	1
			⑤-2 勉強交流促進	既存	1	1
			⑤-3 在校生の出身中学校訪問交流	新規	1	1
			⑤-4 在校生から中学生へのメッセージ伝達	新規	1	1
		⑥中高教員間の交流促進	⑥-1 高校教員と中学進路指導教員との交流促進	新規	2	2
	(3)県外生徒確保システムの導入	⑦県外からの生徒一定数獲得	⑦-1 県外連携中学校の訪問先の拡充	新規	1	
		⑧離島・中山間高校との連携	⑧-1 「チーム島根」で合同生徒募集	新規	2	2
		⑨高校卒業生会との連携	⑨-1 高校卒業生会と連携した生徒募集活動	既存	1	1
			⑨-2 県外における単独高校説明会開催検討	新規	1	
	(4)保護者の経済的負担軽減及び通学利便性の向上	⑩寄宿舎環境の充実	⑩-1 寄宿舎環境整備	既存	2	2
			⑩-2 里親制度の導入	新規	1	
		⑪保護者の経済的負担軽減	⑪-1 通学バス補助金制度の充実	既存	1	
		⑫通学利便性向上	⑫-1 町内各地域からの通学利便性向上	既存	1	
			⑫-2 隣接市町からの通学利便性向上	既存	1	
2. 教育内容や方法の充実	(1)普通科の魅力向上	⑬学力向上	⑬-1 習熟度別少人数指導・個人添削実施	既存	1	1
			⑬-2 河合塾講師による出前授業（英・数）	既存	1	1
			⑬-3 教員の授業力の向上	既存	1	1
			⑬-4 言語力の向上	既存	1	1
		⑭特色ある教育の推進	⑭-1 町観光協会等との連携（食の縁結び甲子園）	新規	1	1
			⑭-2 地域福祉のマインドをもった人材育成	新規	3	2
			⑭-3 『おおなん』まね推進（未来フォーラム開催）	新規	2	
	(2)産業技術科の魅力向上	⑮時代に対応した教育の充実	⑮-1 移動矢高ショップの開催	既存	1	
			⑮-2 農林大学校との交流促進	新規	1	
			⑮-3 課題研究・発表・論文作成の実施	既存	1	
		⑯町の地域資源の活用	⑯-1 町観光協会等との連携（スイーツ甲子園）	新規	1	
			⑯-2 菓子製造室の活用	新規	1	
			⑯-3 地域資源を活用した商品開発	既存	1	
	(3)普通科と産業技術科の協奏	⑰普通科と産業技術科の協奏	⑰-1 普通科、産業技術科の特色化	新規	1	1
			⑰-2 連絡志望の実現	既存	1	1
			⑰-3 キャリア教育の推進	既存	6	6
			⑰-4 科目「生活と福祉」の導入	新規	1	1
	(4)生徒力・教師力の育成	⑱生徒力の育成	⑱-1 部活動の活性化	既存	5	5
			⑱-2 豊かな心の育成	既存	5	5
		⑲教師力の育成	⑲-1 教員の専門性向上	既存	4	4
3. 未来をつくる人材育成	(1)町の施策との一体化	⑳町の施策との一体化	⑳-1 邑南町との連携	既存	1	1
			⑳-2 邑南町教育委員会との連携	既存	1	1
	(2)夢を育む出会い	㉑大学・専門機関との連携	㉑-1 高等教育機関との連携の検討（島大、県立大等）	新規	1	
			㉑-2 行政機関との連携の検討（家畜保健所等）	新規	2	2
			㉑-3 魅力的な企業や企業人との連携	新規	1	1
		㉒多様な主体による支援	㉒-1 地域・行政からの支援（総合学習センター検討）	新規	1	
			㉒-2 関係団体からの支援	新規	1	
			㉒-3 応援団からの支援	既存	1	
	(3)地域課題解決型（グローカル）人材育成	㉓think globally グローバルな視野の確保	㉓-1 グローバルな視野の確保	既存	1	
			㉓-2 外国語能力を有する人材育成	新規	2	1
			㉓-3 研修旅行の検討（志願制）	新規	1	
		㉔act locally 地域における実践	㉔-1 （再）地域課題解決授業（未来フォーラム）開催	既存	1	
			㉔-2 地域系部活動設置促進事業への参加	既存	1	
4. 高校支援体制の充実	(1)矢上高校魅力化推進センターの設置	㉕拠点施設の整備	㉕-1 矢上高校魅力化推進センターの設置	新規	1	
		㉖支援体制の整備	㉖-1 人材の配置（魅力化コーディネーター等の配置）	新規	1	
			㉖-2 地域住民との連携	既存	1	
			㉖-3 矢上高校卒業生会との連携	既存	1	
			㉖-4 教育支援	既存	1	

3．導入のためのポイント

　学校経営の観点から、重要と思われる導入のためのポイントを3点あげてみる。

　1点目は、学校と自治体とが問題意識をしっかりと共有することである。学校と自治体どちらかが先走ったり、認識のちがいを残したりしたまま先に進むと、どこかでつまずく可能性が大きいし、それが原因で事業そのものが頓挫する危険性もある。校長は、校内においては教職員への十分な説明と理解に努めるとともに、自治体に対しては学校の意思代表者として折衝に臨む必要がある。

　2点目は、事業の推進役となるコアチーム（コアメンバー）を指名し、正式な組織として活動する体制を構築することである。各分掌の代表者からなる校内委員会等の既存組織を活用する方法も考えられるが、教職員と自治体関係者からなるプロジェクトチーム的な少人数組織が良いと思う。フレキシブルに活動でき、さまざまな意見を出し合える利点があるからである。矢上高校の場合は、主幹教諭をリーダーとし、教員・コーディネーター・自治体担当者からなる「魅力化推進センター」が司令塔の役割を果たしている。

　3点目は、何を目指すのか、何が目的なのか（ビジョンとゴール）を、自治体としっかり話し合って定めることである。その際、自治体の首長と合意されていることが大切である。中長期のビジョンは、自治体側は町の総合戦略等と関連させなければならないし、学校側は教育目標や経営方針との関連、位置づけなどを整理しておかなければならない。この調整も校長の役割である。

　いずれの観点にも共通するのは、校長のリーダーシップと、調整力・折衝力が不可欠であるということである。学校という枠を超え、自治体との協働・連携を進めていく上で、校長が果たす役割はきわめて大きいと考える。

運動部活動指導の リスク・マネジメント
〜部活動運営の適正化をめざして〜

沼田守弘

奈良育英中学校・高等学校校長

1. 学校概要

　本校は1916（大正５）年に、藤井高蔵、ショウ夫妻が女子教育の振興を目的とし、高い志と誠実な心をもった人間として成長する必要を感じて奈良市花芝町に「私立育英女学校」を設立し、2020（令和２）年度で104年を迎える学園である。建学の精神は「完全なる人格の育成」であり、奈良育英学園の理想の人間教育の目的を達するために、1946（昭和21）年に、前理事長の藤井長治が当時の教職員とともに作り上げた「育英誓願」を教育方針としている。

　現在の奈良育英中学校・高等学校は、男女共学で在籍生徒数は中学生100名、高校生750名の全日制普通科で男子生徒がやや多い。

　世界遺産の東大寺や興福寺まで徒歩10分程度の閑静な住宅街の一角に位置し、校庭には餌を求めて鹿が入ってくることもあるのどかな校風である。生徒の多くは大学への進学を希望し、「選抜コース」、「国際理解Ｇコース」、「高大連携Ｓコース」、「総合進学コース」の４コースに分かれ、それぞれ特色ある学習内容や学習形態で授業が行われている。

　部活動は伝統的に盛んであり、部活動の加入率は80％を超える状況である。運動部ではサッカー部がこれまで奈良県の高校サッカー界を牽引しＪリーガーも多数輩出し、一昨年現役を引退した名古屋グランパスでゴールキーパーを務めた楢崎正剛選手も本校の卒業生である。

　2019（令和元）年度は、陸上競技部、バスケットボール部、テニス部、ソ

フトテニス部、柔道部、なぎなた部が全国高校総体等の全国大会に出場している。また、いくつかの運動部は過去に全国制覇も果たしている。

　文化部では軽音楽部や情報技術部が全国大会等で上位の成績を残すとともに校内外における行事や奉仕活動等でも高い評価を受けている。

2．運動部活動の適正化に向けて

(1) 本校の課題

　県立学校の校長を退職し、2018（平成30）年度に本校の校長に着任した当時、部活動の成績が学校の生徒募集に大きく影響を及ぼすため、指導者が大会の結果にこだわりすぎ、勝利至上主義にならざるを得ない状況が生じているように感じた。そのため、本来の部活動の意義や目的が損なわれ、誰のための活動かを再点検しなければならない状態も見られた。これは、私学特有の学校の経営という文化が影響しているのかも知れないが、定期的な人事異動がないため長年にわたって指導を継続することで、部活動を「私物化」してしまうことも起こりうる。

　つまり、指導者が部活動の中心になっている図式で、学校教育の一環として生徒の自主的、自発的に行われるはずの活動が、監督やコーチの顔色をうかがいビクビクしながら練習や試合をしていることが大きな問題である。

　本校だけの問題ではないと思われるが、一部の指導者から「自分は特別だ」や「自分は生徒のために家庭を犠牲にしながら貴重な時間を部活動指導に割いている」、あるいは「生徒や保護者と人間関係ができている」などの発言が聞かれることがある。指導者は自分が部活動の中心になってしまっている現状や錯覚を起こしていることに気付かず体罰となる暴力や暴言、行き過ぎた指導を引き起こしているのかもしれない。本校では、運動部活動の教育的意義を教職員全員が理解し、部活動顧問間の共通認識を図り、生徒間同士、生徒と指導者との好ましい人間関係の構築しながら学校教育の一環として常に生徒を中心に据えた活動になる

よう継続した取組を行うこととしている。

（2）課題解決のための学校経営上の方略

　私自身の職歴として、先に述べたように県立学校の教員であった内の14年間を奈良県教育委員会に勤務し、保健体育課長や生徒指導支援室長、学校現場に出ては県高体連会長を経験させていただいた。

　その間、いくつかの学校の体罰や行き過ぎた指導、生徒間のいじめ事象に関わってきた経験も含め、本校の課題を解決するために必要な対策を考えてみた。

①2019（平成31）年４月に定めた部活動方針の遵守・徹底

　定期的に職員朝礼、運営委員会、職員会議、職員研修等において、部活動が生徒の自主的、自発的な活動になっているか部活動指導方針をもとに教職員等の意識改革に努めながら活動の点検を行っている。

　また、全国で発生した事象や効果的な取組をタイムリーに伝え、各運動部の取組を振り返る機会をもてるように努めている。特に活動時間や休養日は初めての取組であるため、生徒の健康や安全面の配慮とともに、働き方改革の視点からも指導者の休養を確保させるため、確実に実施するよう注意喚起に努めている。

②部活動顧問会議の開催

　必要に応じて定期的に部活動顧問と管理職で日常の活動の点検や新しい取組の導入について点検を行う機会を設定した。

　特に本校はスポーツによる推薦入学を導入しているため、運動部活動の活性化とともに適正化がより重要であると捉えている。勧誘する教職員にもスポーツ実績により入学してくる生徒にも部活動が学校生活の中心でなく、学習と部活動が両立させることや学校行事、生徒会活動、社会参加活動等への積極的な参加を強く求めている。

③外部指導者の導入

　外部指導者の導入は、人件費あるいは委託費の確保という大きな経営上の問題はあるが、それ以上に大きな効果を期待している。

これまでの学校は閉鎖的と言われてきたが、これからの学校は地域に開かれることが大切である。その意味においては教職員に加え外部から指導者を招聘することは新たな空気が混じり、様々な視点で活動を振り返る機会が多くなる。また、間違った指導等に対する抑止力の向上にもつながることとなる。

④学校評価アンケートによる点検

　生徒、保護者を対象に行う学校評価アンケートに部活動の満足度等を問う項目を入れ、振り返りに活用している。

　生徒や保護者、地域の方々などの声を苦情として捉えていては改革はできないと考えている。特に学校は保護者や地域の方々は学校の応援団、支援者という意識を持って真摯にその意見に耳を傾ける姿勢をもつべきである。

⑤安全管理の徹底

　競技によっては中学生と高校生が同時に練習を行う部がある。そのような部や新入生が入部した時期は身体能力の差や技術の未熟さがあるため、発達段階に応じた指導を行うよう注意を与えている。また、生徒の基礎疾患や既往歴、運動制限など、配慮すべき事項を把握し、心疾患や腎疾患なども学校生活管理指導票の指導区分を確認させている。生徒によっては自分の限界や体調の不良を指導者や上級生にうまく訴えることができない生徒がいることもわきまえて、生徒の活動を観察することが重要である。

　熱中症対策や暴風、豪雨、雷など気象情報を事前に収集し、危険が予測される場合には活動を中止するなどの措置を講じることなども、安全管理として日常的に点検を加えている。

⑥管理職による指導者や生徒への激励

　できる限り学校内の活動場所を巡り、指導者や生徒に声かけを行うこととしている。また、大会会場へは応援を兼ねて激励に出向くようにしている。時期や会場によって出向けない部には申し訳なく思うが、でき

るだけ教頭と分担して激励している。

（3）成果と展望

　部活動方針をもとに様々な取組を実施し、体罰や行き過ぎた指導という問題はなかった。そういう意味では、この1年で一定の成果は見られていると評価できる。しかし、部活動方針の全ての項目が正確に部活動運営に取り入れられていないこともある。

　特に生徒の安全に関してはこれで良いと言うものではなく、常に生徒の健康観察や練習場所の点検、気象の変化への対応など、毎日の対応が重要であることを認識しなければならない。

　私は、生徒の安全を確保するために「ヒヤリハット」が重要であると考えている。危険なことが発生したが幸い災害には至らなかった事象のことである。ハインリッヒの法則（1：29：300　分析により導かれた労働災害の発生比率）では1件の重大事故の裏に29件の軽傷事故、300の無傷事故（ヒヤリハット）があると言われている。労働災害等を減少させるために取り入れられているものであるが、学校現場でも結果的には何もなかったようでも、「ヒヤリ」としたケースは意外に多くある。このことを見過ごすことのないように教職員が情報を提供し、二度と起こらないよう注意喚起を行う必要がある。今年度は運動部活動だけではないが、学校事故につながる全ての事象をまとめた「ヒヤリハット集」を作成したいと考えている。

3. 学校経営の観点からのリスク・マネジメント

　校長として運動部活動のリスク・マネジメントを行う上で、教頭を含めた管理職だけで行えることではなく、学校組織で取り組むことが最も重要である。特に、運動部の問題だから運動部の顧問だけが意識改革を行い、体罰や行き過ぎた指導のない活動にすれば良いという考えでは、必ず同じ失敗を繰り返すこととなるのは間違いない。

　運動部活動のリスク・マネジメントは単一の課題として捉えるのでは

なく学校教育のリスク・マネジメントと捉えるべきである。

　私はこの課題の克服に対して、経営方針の見直しから取りかかり、指導方針やスローガンを新たに設置した。建学の精神や教育方針は奈良育英学園として揺るがぬものであるが、経営方針や教育目標等は学校長がその時代や社会の変化、保護者や生徒のニーズ等を勘案して定めることのできる大切な職務である。

　つまり、これからの時代を生き抜く生徒たちにどのような力を身につけさせることが重要なのかをしっかりと教職員に示し、理解を得た上で組織全体で取り組まなければならない。

　本校では昨年度よりユネスコスクールへの登録申請を行い、その承認を得るためのチャレンジ期間として取り組んでいる。教職員と生徒や保護者も交えて一つの目標に取り組むことで、それぞれの立場においての目標と責任が明確になる。今年度の経営方針の柱は「命の教育」とし、教育目標は「持続可能な開発のための社会づくりの担い手を育てる」、スローガンは「励まし合い・競い合い・高め合い」と定めた。

　また、ESD（Education for Sustainable Development）「持続可能な開発のための教育」「持続発展教育」と訳される教育を総合的な学習（探究）の時間や各教科の学習にも関連付けて行うようにしている。

　一つの大きな目標を達成させる取組を通して、教職員の連帯感、生徒と教職員の一帯感を築き上げたいと思っている。まだ取組途中であるが、試行錯誤しながら人々の繋がりを大切にし、「命の教育」の推進に全力を注ぎたい。

　最後に、新型コロナウイルス感染拡大防止のため全国高校総体が中止となり、これまでの活動を発揮する機会を失った生徒たちは残念で悔しい思いをしている。しかし、スポーツを愛し志してきた者が、これまでに培った精神力や組織力、そして知恵と実行力を生かし、今こそ社会貢献の一助となる活動ができれば嬉しく思う。是非、全国の高等学校が学校の枠を越え、様々な情報を提供し合い、世界の危機を乗り越えたい。

海外研修のリスク・マネジメント

山賀淑雄

新潟県立直江津中等教育学校校長

1. 学校概要

　本校は2007（平成19）年4月に本県5番目の県立中等教育学校として、新潟県上越市に開校した。1学年は3クラス120人の規模である。生徒のほとんどは地元の上越地域から集まっている。開校以来、スクールポリシー「Be an ACE!」を掲げ、「国際社会でリーダーとして活躍できる人材の育成」を目指している。ちなみに「ACE」のそれぞれの文字は、Ambition（大志）、Contribution（貢献）、Energy（活力）からとったものである。ほとんどの生徒が大学へ進学し、約半数の生徒は国公立大学に進学している。中には、東京大学、京都大学、医学部などに進む生徒もいる。

　中高一貫教育校である本校に寄せる保護者や地元の期待は大きい。それはただ単に大学進学率が高いという結果によるものではなく、6年間のスパンの中で、生徒の将来を見据えた学習システム、多種多様な体験活動、自主性を重んじる学校行事などによるところが大きい。

　本校で実施している4年次の海外研修旅行も、生徒や保護者が大変期待している最大の学校行事の一つである。全行程13日間に及ぶプログラムであり、現地では一人一家庭のホームスティ、語学研修、企業訪問、大学訪問等、内容は多岐に渡っている。本校では、海外研修を単なる研修旅行ではなく、将来のリーダーを見据えた人間形成の場であると捉えている。

2．海外研修実施にあたってのリスク・マネジメント

(1) 本校の課題

　本校の多くの生徒にとっては、海外に行くこと自体が初めての体験である。また、アメリカの家庭でのホームスティも初めての異文化体験である。このようなことから、渡航上の安全面はもちろん、生活面、健康面など多面的にリスク・マネジメントを行うことが本校の課題である。このことをふまえて、本校では事前準備・事前研修、そして研修中のそれぞれの段階に応じて危機管理の対策を立てている。

(2) 課題解決のための学校経営上の方略

　ここではそれぞれの段階の具体的方策について述べたい。

【事前準備及び事前研修】

①事故防止対策マニュアルの作成

　事故や病気などの発生に備えて、現地から学校への連絡体制と、その対応策も事前に確立しておく必要がある。現地対策本部の設置、現地の警察・病院・保健所、日本国領事事務所などの連絡先、事故等が発生した場合の対応方法等を網羅した事故防止対策マニュアルを作成する。本校引率教員と現地旅行会社スタッフとの連携や緊急時の対応方法、現地本部と管理職との協議方法、そして夜間の連絡方法など、具体的な流れをフローチャートにして作成している。

②渡航全般についての安全指導

　ほとんどの生徒が海外へ行くことが初めてのため、渡航前に生徒向けにオリエンテーションを6月、9月、10月の3回実施している。また、生徒と保護者合同の渡航説明会も3月、6月、10月に実施している。リスク・マネジメントの基本は、小さなトラブルの防止がまず第一と考えている。従って各説明会においては、パスポートの保管、外貨の扱い、現地での生活の仕方など、基本的なことも含めた細かい点についてガイダンスを行っている。特に、旅行業者の方からは過去の事例等を説明し

ていただき、どのようにすればリスクやトラブルを回避できるかについての具体的アドバイスをいただいている。

③健康面についての安全指導

　約２週間に及ぶ研修となるので、事前に生徒の心身の状態について把握し指導を行っている。出発の約２か月前に、養護教諭の協力を得て事前の健康調査を行い、その調査をもとに必要に応じて、個別に健康相談を行っている。特に何らかの持病がある生徒に対しては、万が一に備えて、医師から処方箋を英語で書いてもらい持参させている。

④ホームスティにおける過ごし方とトラブルの防止

　本校では一人一家庭でのホームステイを基本としているので、ホストファミリーとのマッチング、ホームステイ先での過ごし方については、リスク回避の観点から特に重点を置いて指導している。まず、マッチングについては、生徒の性別、健康面、アレルギー（食事、ペットなど）の有無、ホストファミリーの家族構成、そして生徒や保護者の希望などを十分考慮に入れて行っている。ホームステイ先での過ごし方については、オリエンテーション等において具体的に指導を行っている。ホームステイ先での心構え、生活習慣・食習慣の違い、コミュニケーションの取り方等、基本的な指導をきちんと行っておくことが肝要である。保護者の方もこの点を大変心配されるので、生徒との合同説明会では具体的に説明を行い、様々な質問にも丁寧に回答している。

⑤リスク回避のためのコミュニケーション能力の育成

　リスク・マネジメントにおいては危機対応マニュアルに基づいて危機管理を行うが、同時に生徒自身がリスクを回避できる能力を身に付けることも大切であると考えている。そのための方策として、本校では事前語学研修プログラムを実施している。１日６時間で４日間の日程で、本校生徒６名程度に対して海外大学留学生１名がグループリーダーとして入り、英語で考え、意見をまとめ、発表するというプログラムである。生徒自身がリスクを回避したり、実際に危機に遭遇した場合に対応する

ための前提となるのは、英語によるコミュニケーション能力である。渡航前に自信をもって、人前で自分の意見を述べることができ、現地でもいざという時に行動できる能力を育成している。そして、このプログラムと連動して、海外大学留学生を生徒の家族が約1週間受け入れることによる、ホームステイ受け入れ体験を実施している。この体験により英語によるコミュニケーション能力、異文化理解の一助にすることができ、現地におけるリスク回避に役立っていると考えている。

【研修中におけるリスク・マネジメント】

①危機管理体制の構築と緊急時の対応

　現地研修中における危機対策として、本校では引率教員と添乗員を同一ホテルに宿泊させ、本部としている。毎日ミーティングを行い、当日の生徒の様子について情報交換を行い、翌日の行程の確認を行っている。また、生徒には現地で使用できる携帯電話を与え、いつでも連絡が取れる体制をつくっている。実際にホームステイ先でトラブルが発生した時は、引率教員と添乗員が協力して迅速に対応した。まず引率教員が管理職へ緊急連絡をし、対応方法の協議を行った。そして、保護者に迅速に連絡をとり、対応方法を説明し、事態の解決にあたった。

②健康観察と健康管理

　生徒は午前中、語学研修を受けるが、毎朝、研修前に一人一人に対して直接体調を聞いて健康状態を確認する。この段階で体調不良の生徒は別室で休養をとる。また研修に参加できない場合は、事前に生徒もしくはホストファミリーが引率教諭に電話をする。また、必要に応じて医師の診断を受けさせることもある。

③感染症対策

　2週間近くに及ぶ研修なので、体調を崩す生徒もいる。特に気をつけなければならないのは、インフルエンザ等の感染症の発症である。ホームステイ先で高熱が出た場合は、ホストファミリー又は引率教員がすぐに病院等に連れていき、診察を受ける。インフルエンザの診断が出た場

合は、ホームステイ先で休養となる。また、日本の保護者にも迅速に連絡し、日々体調を報告する。現地で滞在中はこのように対応できるが、インフルエンザに罹患したまま帰国するケースがあった。帰国の飛行機の中では一番端の座席に休ませ、他の生徒や乗客との接触をなるべく少なるよう配慮した。また、本校では空港からバスで約6時間かけて新潟まで移動するので、バス内での感染を防ぐ必要がある。そのため保護者には事前に連絡し、空港まで生徒を迎えに来てもらい、生徒を保護者に引き渡し列車等で帰宅してもらった。もちろん、保護者には事情を丁寧に説明し、同意を得た上でお願いすることになる。

④保護者への情報発信

　生徒の研修中の活動の様子を毎日、引率教員が写真とともにレポートで本校に送信する。本校のHPにアップすることにより、保護者は日々の生徒の活動の様子を知ることができる。このことにより、保護者が現地での生活を確認し、不安の軽減を図ることができる。

（3）結果と展望

①結果について

　研修中においては様々なトラブルは発生しているが、幸いにもこれまで生徒の生命に関わるような大きな事故、トラブル、病気などは発生していない。研修全体を通じて、リスクを回避するための方策を行ってきていることや、生徒自身も事前研修などを通じて、リスク回避の姿勢が身についていることの成果によるものと思われる。また、毎年本校の先生方から、「海外研修を終えて帰って来ると、生徒が精神的に大人になっている」という声が多く聞かれる。自己の行動に責任を持つことによるリスク回避の姿勢が、生徒の成長につながっていると考えている。

②今後の展望について

　本校では以上述べてきたように、旅行業者と連携して計画的に生徒に事前研修を行い、また保護者に対しても危機管理について十分な説明会を実施してきている。学校と旅行業者が連携し、計画的に事前研修を重

ねていけばかなりのリスクは回避できる。今後は、現在世界的に拡大しているコロナウイルスなどの感染症や、不安定な国際情勢から生じる治安の問題についても、迅速に情報を収集し、生徒や保護者に対して、実施にあたっての明確な対応策を提示していくことが必要になってくる。

3. 導入のためのポイント

　安全・安心な海外研修を遂行するためには、上記で述べた観点に沿った準備が必要であるが、その中核となるポイントは次の3点である。

①危機管理対応の構築

　海外研修の1年ほど前から旅行業者とともに、事故防止と発生時の対応について綿密な打ち合わせを行い、事故防止に向けた研修計画の作成、事故発生時の対応方法など危機対応策を構築することが必要である。フローチャートを作成し、迅速な対応システムの構築を行う。

②計画的な事前研修とリスク回避能力の育成

　初めて海外に行く生徒がほとんどであることを前提に、行程中のリスクやトラブル回避に向けて、業者と連携して生徒及び保護者に対して計画的に事前研修を行う。特にホームステイを実施する場合、様々な事例を用いて、ホストファミリーとの過ごし方についての研修が必要である。また併せて、生徒のコミュニケーション能力を高めることにより、生徒自身のリスク回避能力の育成を図ることも有効である。

③現地における迅速な危機対応

　一方で、どれだけ計画的に準備を行っても、実際の研修では想定外のトラブルは発生するものである。大切なのは重大事態にならないように、現地本部による迅速な対応、学校と現地本部との連絡・協議、そして管理職による迅速かつ明確な判断と指示が必要である。

学校のリスク・マネジメント力を高める
〜見過ごされやすいリスクに備える〜

稲井達也

大正大学教授

1. テーマへの接近

　船舶の安全航行にブリッジ・リソース・マネジメント（略称 BRM: Bridge Resource Management）という考え方がある。BRM の考え方は、人間は必ずミスをするものである、人間一人の能力には限界がある、というものである。BRM では、チームでミスを断ち切り、事故を防止する。船舶の安全運航のためには、日頃の船員同士のコミュニケーションがとても大切であるといわれている。

　船長には大きな権限が与えられている。しかし、例えば、船長が「遠くに船が見えるではないか、このままではぶつかる」といつも指摘してしまうと、他の船員は船長任せになり、自ら他の船員とコミュニケーションをとって、リスクを回避する意識が低くなる。もちろん最終的には船長が責任を負い、緊急性の高いものは船員任せにはできず、即決する必要がある。このことを含めても、リスク管理は現場の船員たち一人ひとりが強く意識する必要があることはいうまでもない。

　この譬え話を学校に即して考えてみよう。いくら校長が学校経営上で起こりやすいリスクを職員会議や研修会の場で予め指摘したとしても、どうしても限界があるということを示唆している。

2. 教員のリスク・マネジメント能力を高める

　リスク・マネジメントの要諦は、第一に教員一人ひとりがお互いにコ

ミュニケーションをとり、「おかしい」「まずい」と感じたことに対しては、指摘したり立ち止まって考えたりすることである。そして、第二に大切なのは、「おかしい」「まずい」と感じる違和感である。つまり、直感である。リスク・マネジメント能力を高めるためには、違和感を感じられるようになるリスクへの感覚、感性を磨くことが必要である。学校事故の訴訟の場合、リスクを予見できたか否かが問題になることが多い。リスクへの予見のためには、直感を支えるための知識が必要になる。

　我が国は台風や地震などの災害が多く、また新型コロナウイルス感染拡大への対応を経験し、学校には震災や激甚災害だけではなく、感染症にも対応したリスク・マネジメントが求められるようになった。大きな危機に際しては、教員の意識も高まり、一致して対応することができる。

　しかし、リスクは日常業務の中に潜んでおり、気づかないことが多い。例えば、部活動中の事故に対しては危機意識を持つものの、部費などの公金管理への意識は高いとはいえない。校内での飲酒禁止は遵守するものの、教員同士の学校行事後の打ち上げやPTAとの懇親会などの飲酒については、つい気が緩みがちになる。また、SNSによる生徒とのやりとりで行き違いが生じて大きなトラブルや不適切な関係に発展する場合がある。

　学校のリスク・マネジメント力を高めるためには、まず、リスクが生じやすい状況を出し合うことから始まる。法的な知識について学び合い、校内ルールを決め、教員全員がリスク回避の方法を共有することである。

　公立学校の場合、教育委員会が規定を示している場合もあるが、グレー・ゾーンとなっているものや、見過ごされているものもある。従って、教育委員会任せにすることは後手になる場合がある。まずは現任校の教員の実情や地域の実情を把握するようにする。教員の実情としては、年齢構成、自動車通勤の状況、持ち帰り仕事の実態、SNSの利用状況、生徒との近しさなどが挙げられる。また、地域の実情としては、飲酒に対

する感覚や文化的背景、地域住民との懇親の度合いなどが挙げられる。

　飲酒を通じてのコミュニケーションが前提となっているような地域では、校長自身もまた、その文化の中に身を置くことになり、地域との関係づくりの中でリスクを負う場合がある。

3. 企業に比べて遅れているハラスメント対応

（1）教頭・副校長へのパワー・ハラスメント

　教頭・副校長への指導だと思っていても、指導を受ける側からはパワー・ハラスメントとして捉えられる場合がある。訴訟を起こされ、自己都合退職した校長もいる。ハラスメントは、あくまでも受けとめる側の感じ方である。校長には教頭・副校長に厳しく注意しなければならない場合もあるが、教員の前で注意することは避け、校長室で、言葉を選び、感情的にならないように努め、ていねいに話をする必要がある。感情的になるような時に特に求められるのは、アンガー・マネジメントである。

（2）教員による生徒へのハラスメント行為

　一般的に大学において教員の立場を利用した非常識的な指導は、アカデミック・ハラスメントといわれる。例えば、アカデミック・ハラスメントの例として挙げられる言動には、「このままでは単位をあげられない」「きみは何て理解力が低いんだ」などがある。また、指導と称して長時間説論することなどもその一例として指摘されている。高校の場合、指導上で生じやすいハラスメントに対する意識がやや低い。「このままでは単位はあげられない」はありがちな言動である。状況によっては、生徒へのいじめとして認定される場合もある。注意すべき言動や指導方法などについて、共通理解が必要である。特に、近年では、問題行動の聞き取り調査後に自死した生徒もおり、「指導死」といわれている。生徒への聞き取り調査は、時間を決め、複数で対応する（それが威圧的行為と取られる場合もある）、感情的にならないなどに努める必要がある。生徒個人の性格や特性を踏まえ、人権を尊重した指導が求められる。生

徒に正直に話してもらうことがその生徒のためになる場合もあり、つい力が入ってしまうが、そういう時こそ、生徒との意識に齟齬が生じやすい。若い教員には中堅やベテランが付き添うなどの配慮も必要である。

4. 見過ごされやすいリスク

(1) SNS利用に関する倫理規定の必要性

　SNSは個人でも簡単に情報発信ができる。文化祭や体育祭などの学校行事、部活動の公式戦や練習試合など、教員個人でも簡単に情報発信が可能である。その際、情報倫理が周知されていないと、例えば、生徒個人の顔が映る写真をそのまま出してしまうことになる。

　また、クラスや部活動での生徒とのやりとり、保護者とのやりとりなどにLINEを使うこともリスクは伴う。特に、LINEで生徒の相談に乗る場合、教員と生徒という当事者間だけのやりとりになるため、管理職も保護者もどういうやりとりがなされているかを知らないままである。問題のあるやりとりに至った場合も、対応が遅れがちになる。このことを防止するためには、SNSでの生徒や保護者との連絡や相談、報告を禁止し、電話や公的なメールを利用するように周知する必要がある。例えば、遅刻が多く、欠席時間数がそのまま単位修得に関わるような生徒の場合、担任にとってはLINEでのやりとりは便利である。管理職、保護者の了解を得て利用する必要があるが、SNSの利用は緊急時に限るべきである。

　また、メールの場合、担任であればCCで学年主任にも送る、部活動の場合、CCで担任や生活指導主任にも送るなど、情報共有に努めることが大切である。

　電話は多くの連絡において選択すべき方法であるが、必ず記録をとるようにし、後で万が一トラブルになった場合に備えておくことも必要である。特に保護者との電話については、リスク・マネジメントの手法として、教員に記録をとることを習慣付けるようにする。記録をとること

は、同時に保護者への適切な対応を学ぶ好機にもなる。

(2) 個人情報の管理―学校の弱点としてのリスクを見きわめる―

①電子データの管理

　東京都教育委員会では、都立学校については、USB の使用、個人用パソコンの持ち込み禁止などを徹底している。

　USB メモリー、CD-ROM 等の外部記憶媒体は、個人の使用ではなく、共用のものを用意し、教頭・副校長が一貫管理し、鍵のかかる保管場所で保管し、貸し出し用の記録簿を作成して管理するようにする。

　また、このほか、定期テストの答案、小テストも個人情報でありながら、自宅に持ち帰って採点業務に当たることが少なくない。このような紙の個人情報の取り扱いについても、校内ルールを作り、自宅で採点にあたる場合は、教頭・副校長に届出をするようにする。働き方改革の中で、勤務時間内に採点を全て終わらせるのは難しい面もあるため、ルールを定め、周知することが必須となる。

②個人情報の一括管理と処分

　学校は個人情報に溢れている。生徒の成績処理にあたる際に確認用でプリントアウトした成績表、プリントアウトした通知票の反古、書き込んであるワークシートで返却し損なったものなど、実に多岐にわたる。

　学校として個人情報の範囲を内規で定めた上で、教員個人で処理するのではなく、処理用の保管箱を用意し、一括して管理するとともに、裁断・償却・溶解等について、事務職員と協議し、定期的に文書の処理に当たるようにすることが必要である。処理についても実施時期等の記録を残すようにする。

(3) 部活動の金銭管理の不正

　部活動単位で集める部費、業者の代わりにユニフォーム等の物品代金を徴収するといったことは、部活動に伴ってどうしても必要となる。顧問に任せられていることが多い。しかし、学校として、部活動の管理運営規則を策定し、出納等のプロセスを明確にする必要がある。

- 私費での物品購入は、取り扱い業者、価格等についての情報を生活指導主任、事務担当者と共有するとともに、業者が来校して、支払いの徴収に当たるようにする。
- 部費の納入・支出については通帳をつくり、出納状況を「見える化」し、定期的に管理職、生活指導主任等による監査を行うとともに、監査経過を起案文書（原議書）等にして残す。
- 保護者による金銭的な監査は持ちつ持たれつの関係になりやすいため、保護者には委任しないようにする。
- 年に1回、年度末には決算報告をつくり、保護者に報告することを義務付けるとともに、学校として当該情報を一括管理する。

(4) 保健体育授業中、体育祭練習中、部活動中のリスク・マネジメント
①救急対応

　近隣の消防署と連携し、教員の救命講習会を開催し、AEDの使い方とともに設置場所の確認を行うようにする。AEDの使用に躊躇してしまったために、児童が命を落としてしまった小学校の事案もある。また、万が一の際、救急車要請の手順についても全教員で共通理解しておくことが求められる。救急車を要請する場合、生命に関わるような状況ではない事案の場合であっても、保護者には受診してもらいたい医療機関がある場合もあり、学校と救急隊との間で決めた医療機関が後のトラブルにつながる場合がある。個人情報に配慮しながら、配慮が必要な疾病等がある生徒については予め把握しておくことが求められる。

②熱中症対策

　近年では高温の気候が当たり前になりつつあり、熱中症の発生は夏場に限らない。また、熱中症には個人差がある。屋内、屋外ともに常に熱中症の危険性がある。保健体育の授業、体育祭の練習、運動部活動の実施判断が必要になる。運動部活動に限らず、演劇部や吹奏楽部など、室

内で厳しい練習に当たる部活動にも、熱中症のリスクはある。

　学校として、教育委員会等のガイドラインに従い、職員室に気温と湿度を掲示し、注意を喚起するレベル、活動中止とするレベルの範囲を定めておくことが大切である。特に、活動中止には、教員から「これくらいの気温では活動してもいいだろう」という声が出やすい。「やめておこう」という英断がリスクを回避すると心得るべきである。特に部活動の盛んな学校では、感覚が麻痺しがちであることを意識しておくことが大切である。教員が躊躇する場合、校長には、躊躇することなく活動中止を判断することが求められる。また、熱中症が発生してしまった場合、救急車要請も躊躇なく判断するようにする。熱中症は集団発生する場合もある。マニュアルを整備し、校長が出張で不在にしていても、手順通りに対応できる体制を整えておくようにする。

③天候の急変や落雷への対応

　近年は地球温暖化の影響で、ゲリラ豪雨に見られるような天候の急変が多くなっている。グランドや学校周辺で活動するような運動部活動の場合、すぐに避難を始めるように判断する必要がある。例えば、遠くで雷の音がしていた場合、避難の判断を遅らせたため、グランドに落雷してしまったケースもある。ゲリラ豪雨と遠雷には特に注意しなければならない。自治体のハザード・マップを用意し、日ごろから災害に備えておく必要がある。

5. 終わりに

　校舎内の危険箇所や老朽化した用具（サッカーゴール等）も見落としがちである。修学旅行中の事故は下見によって予見できる面もあり、生徒の行動特性とも関係する。服務事故は慣習の見直しによって防げる面がある。見落としやすいリスクを洗い出すことが肝要である。まずは集中して点検し、リスク回避の策を講じる必要がある。

校長先生への応援歌として

　本書は校長先生への応援歌のつもりで編んだ１冊です。社会の変化とともに、校長に求められる期待や役割が大きく変化し、経営者としての責任が一層高まりました。どの分野のリーダーにも孤独な面があります。校長という責務の重さに、時には思い悩む日々もあるのではないでしょうか。

　私は大学教員になる前まで、全寮制や単位制などの特色ある３校の都立高校と１校の都立中等教育学校に勤務しました。都立中等教育学校では２年間の学校開設準備を経て、開校後は６年間学年主任を務めました。東京都教育委員会では同和教育、人権教育を担当し、１年間の勤務で学校に戻してもらいました。

　私は25年間の教員生活で、８人の校長と関わりました。強力なリーダーシップを持つ個性の強い校長、穏やかな人柄で人望のある校長、新たな発想とビジョンで道を開拓する校長、教員の意見に誠実に耳を傾けながら学校経営に生かす校長など、さまざまなタイプの校長に接してきました。私は管理職を経験していませんが、校長職の大変さとともに、志を持って仕事を進める校長職の面白さを身近で感じ取ってきました。

　リーダーシップにもさまざまなタイプがあります。緊急対応時には強いリーダーシップは欠かせませんが、'コーチングを行うリーダーシップ'も必要であると考えます。ビジョンを共有し、学校経営に積極的な参加を求め、時にアドバイスをして、その人の特性に合わせて能力を最大限引き出していくタイプのリーダーシップです。コーチングのリーダーシップは、学校経営を補佐し、人材育成を担う教頭・副校長にこそ必要なものでもあります。また、校長が意思決定をしていく上では、意見を集約していくプロセスがありますが、ここには調整を図るリーダーシップの面があります。さまざまな場面で、臨機応変にさまざまなタイプのリーダーシップを使いこなすことは容易ではありません。

　本書では、長く学校経営の研究に携わっておられる小松郁夫先生に監修をお願いしました。小松先生はこれまで多くの教育委員会や学校に指導・助言をされてきました。第１部は、学校経営に関する深い識見をお持ちの先生がたにご執筆いただきました。また、第２部では、現場を預かる校長先生がたにさまざまな実践をお寄せいただきました。どれも多くの示唆を与えてくれるものばかりです。ご執筆のみなさまには、心より感謝を申し上げます。

　本書が少しでも日々の実践の参考になれば、編者としてこの上ない喜びです。

編者　稲井達也

《監修者紹介》

小松郁夫 （こまつ・いくお）

1947（昭和22）年、秋田県生まれ。京都大学特任教授、文部科学省初等中等教育局視学委員、国立教育政策研究所名誉所員。専門は学校経営学、比較教育学、教育行政学。東京教育大学大学院博士課程教育学専攻単位取得退学。東京電機大学助教授などを経て、国立教育研究所の教育経営研究部学校経営研究室長、教育経営研究部長を務め、国立教育政策研究所では、高等教育研究部長、教育政策・評価研究部長、初等中等教育研究部長を歴任した。後に玉川大学教職大学院教授、常葉大学教授、流通経済大学教授。この間、英国バーミンガム大学客員研究員、早稲田大学客員教授を務めた。また、非常勤講師として、東京大学、京都大学、京都教育大学、筑波大学、信州大学、九州大学、青山学院大学、上智大学等で人材育成を行った。日本教育経営学会、日本教育学会、日本教育行政学会、英国初等学校長会及び中等学校長会、英国教育行政経営学会の各会員であり、英国の教育制度に関する研究を進めた。著書に『「新しい公共」型学校づくり』（編著、ぎょうせい）、『学校経営の刷新』（編著、教育開発研究所）などがある。

《編著者紹介》

稲井達也 （いない・たつや）

1962（昭和37）年、東京都生まれ。大正大学教授・附属図書館長。公益社団法人全国学校図書館協議会参事。博士（学術）。専門は国語科教育学、学校図書館学。上智大学文学部卒業、東洋大学大学院文学研究科博士前期課程・筑波大学大学院図書館情報メディア研究科博士後期課程修了。第41回学校図書館賞受賞（2011年）、第59回読売教育賞国語教育部門優秀賞受賞（2010年）。日本NIE学会常任理事。東洋大学、実践女子大学で教職課程の非常勤講師を務める。著書に『高校授業「学び」のつくり方』（東洋館出版社）、『高等学校「探究的な学習」実践カリキュラム・マネジメント—導入のための実践事例23』（学事出版）、『子どもの学びが充実する読書活動15の指導法』（学事出版）、『資質・能力を育てる学校図書館活用デザイン』（学事出版）、『「社会に開かれた教育課程」を実現する学校づくり—具体化のためのテーマ別実践事例15』（学事出版）、『主体的・対話的で深い学びを促す中学校・高校国語科の授業デザイン』（学文社）などがある。

「学校 ver.3.0（バージョン）」時代のスクールマネジメント
高校経営9つの視点と15の実践

2020年8月7日　初版第1刷発行

監修者——小松郁夫
編著者——稲井達也
発行者——花岡萬之
発行所——**学事出版株式会社**
　　　　　〒101-0021　東京都千代田区外神田2-2-3
　　　　　電話 03-3255-5471
　　　　　http://www.gakuji.co.jp

編集担当　　丸山久夫
装　　丁　　精文堂印刷デザイン室　三浦正已
印刷製本　　精文堂印刷株式会社

ISBN978-4-7619-2644-1　C3037